Maria Beig zu ehren

Herausgegeben von
Peter Blickle und Hubert Klöpfer

Maria Beig zu ehren

Herausgegeben von
Peter Blickle und Hubert Klöpfer

KLÖPFER&MEYER

**Maria Beig auf dem Prominentenfußpfad
auf dem Höchsten, 2008**

Von links: die Fußabdrücke Martin Walsers,
Arnold Stadlers und Maria Beigs

Inhalt

Mutters Familie bei ihrer Hochzeit – 1910
(Großvater Sauter, Hirschlatt)

*»Vor der Hochzeit hätten sie einander nur dreimal
gesehen. Äußerlich habe er ihr gefallen. Sie wollte
Vaters Ehre nicht schädigen, darum sagte sie:
›Wir sind dann besser miteinander ausgekommen,
als ich gefürchtet habe.‹«* **Ein Lebensweg**

Vorwort der Herausgeber

Bei kaum einer zeitgenössischen Schriftstellerin schwingt das Autobiographische so bedeutend mit wie bei Maria Beig. Wer »Rabenkrächzen« und »Hermine. Ein Tierleben« Mitte der achtziger Jahre las, konnte nicht umhin, ein rätselhaft authentisches Element in Beigs Texten zu spüren. Leserinnen und Leser ebenso wie Journalisten und Wissenschaftler wollten vom ersten Buch an wissen, wo genau sich was abgespielt hat. Es wurde vielfach angenommen, Maria Beig erzähle in ihren Romanen einfach lebensnah nach, was ihr selbst passiert sei. Peter Hamm, ein früher Bewunderer, schreibt 1983 im Spiegel sogar: »Sie kann nicht erfinden.« (In der in diesem Band abgedruckten Laudatio von 1992 korrigiert er sich neun Jahre später selbst.)

Erst nachdem »Hermine. Ein Tierleben« 1984 erschienen war, wurden Kritiker vorsichtiger. Denn auch in »Hermine« klang alles authentisch, wahr, echt und unerfunden. Und der Vergleich zwischen »Rabenkrächzen« und »Hermine« ergab, daß in beiden Büchern nichts erfunden klang, daß aber gleichzeitig beide Bücher unterschiedliche Familienkonstellationen beim Leser als wahr und authentisch erscheinen ließen.

An Maria Beigs Literatur haftete von Anfang an das Geheimnis des Tatsächlichen. Beigs Literatur hat eine Qualität, die sie der Fotografie nahe stellt: Sie zeichnet auf; sie gibt wieder; sie erscheint nicht erfunden; sie ist ungekünstelt, direkt und authentisch; sie hält fest, um zu erinnern – Menschen und ihre Schicksale. Doch zugleich wissen wir alle um das Trügerische der Fotografie. Von einem Foto auf einen Sachverhalt rückzuschließen heißt, sich immer auf Überraschungen gefaßt machen müssen.

Für den hier vorliegenden Band »Maria Beig zu ehren« gab Maria Beig vier Dutzend Fotografien aus ihrem Privatschatz frei. Diese Fotos gewähren uns Einblick in ihr privates und öffentliches Leben. Vom Jugendporträt der Mutter aus dem Jahr 1908 – zwölf Jahre vor Maria Beigs Geburt – bis zu Fotos von Lesungen ihrer 2009 so erfolgreich publizierten Autobiographie »Ein Lebensweg« zeigen uns diese Fotografien, wo Maria Beigs Kunst herkommt. Über einhundert Jahre umspannen diese Fotos, auf denen wir oft sogar Momente aus Maria Beigs Literatur erkennen. Die Haustreppe, die für »Treppengesang« das Titelmotiv abgab, finden wir ebenso wie ein während des Krieges aufgenommenes Familienfoto, das in »Rabenkrächzen« und »Ein Lebensweg« Erwähnung findet.

Maria Beigs Jahrhundert in Lebensbildern wird begleitet von Worten, die die große Schriftstellerin ehren wollen. Dieser Band versammelt zwischen den Fotos mehr als ein Dutzend Lobeshymnen auf Maria Beig und ihre unvergleichliche Literatur.

Maria Beig erhielt für ihr literarisches Schaffen zahlreiche Preise. Die bei diesen Anlässen gehaltenen Reden – von Manfred Bosch, Peter Hamm und Peter Blickle – sind hier ebenso versammelt wie Martin Walsers drei »Notizen zu Maria Beig« und Walsers Gedicht anläßlich Beigs 75. Geburtstags. Arnold Stadler, Peter Renz,

Oswald Burger und Andrea Reidt gehen dem Wirkungsphänomen Maria Beigs auf literarischer, psychologischer, soziologischer und persönlicher Ebene nach. Und Tina Stroheker, Helen Meier und Dietlinde Ellsässer erweisen Maria Beig die Ehre, indem sie würdigen, wie Beigs Literatur ihr eigenes Schaffen inspirierte.

Dieser Band bringt uns Maria Beig so nahe wie noch nie zuvor. Gleichzeitig macht er uns diese außerordentliche Autorin der zeitgenössischen Literatur aber noch rätselhafter als sie es schon war. Wir kommen Mozart näher, indem wir Salzburg und Wien besuchen. Wir kommen Martin Walser näher, indem wir Wasserburg, Kafka näher, indem wir Prag, Thomas Mann näher, indem wir Lübeck besuchen. Und doch kommen wir dem Geheimnis, weshalb ihre Kunst das mit uns macht, was sie mit uns macht, nicht näher: im Näherkommen bleibt uns alles um so heller unerklärlich.

Wir blicken geblendet auf diese Fotografien von Maria Beig, wie sie als Zehnjährige ein Stirnband mit der Aufschrift »Liebe« tragend vor einem Umzugswagen einer »Bäckereizunft«, als Fünfzehnjährige mit ihren jüngeren Schwestern in einem aus von »Witt, Weiden, Oberpfalz« bestellten Stoffballen genähten Blumenkleidern, als junge Lehrerin mit ihrer Klasse und neben ihrem ersten Motorrad, dann als Jungverheiratete neben ihrem VW Käfer steht. Wir sehen viel, wenn wir diese Fotos anschauen. Wir verstehen, warum uns Maria Beigs Bücher ansprechen – tief und direkt.

Vielleicht geschieht das Erklären nicht in Worten, sondern in einem Zeitgefühl, das diese Fotos in uns auslösen. Die Fotos blicken uns über eine Zeitschlucht hinweg so direkt an, daß eine neue Gegenwart entsteht. Doch zu sagen, daß diese Fotos das Geheimnis um die Person Maria Beigs lüften, wäre falsch. Durch diese Fotos wird das Geheimnis vielschichtiger. Es bekommt Gesichter und Details; es trägt Historie in sich – und somit wirft es im Beantworten von Fragen um so mehr neue Fragen auf.

Dieser Band ist für Maria-Beig-Fans und für Literaturwissenschaftler von unschätzbarem Wert. Alles wird heller, deutlicher, dunkler, komplizierter und schöner durch diese Fotos und Texte, die uns Maria Beigs Literatur und Maria Beig, die Person und Schriftstellerin, aus immer neuen Perspektiven zeigen. Aber durch dieses Mehr an Sehen wird das Geheimnis um die Kunst in Maria Beigs Büchern nur noch unergründlicher. Mit dieser Feder schrieb Beethoven das erste Klavierkonzert? In diesem Gartenhaus komponierte Goethe »Wilhelm Meisters Wanderjahre«? In diesem Bett starb die Droste? Alles ist gleich geblieben, nachdem wir die uns Kunst schenkenden Orte und Objekte betrachtet haben. Und doch ist alles anders geworden. Wir sind mehr geworden im Sehen und Teilnehmen. Für dieses Teilnehmenlassen – für ihr großzügig gewährtes Vertrauen – sind die Herausgeber Maria Beig zu großem Dank verpflichtet. Ein schmuckes kleines Bändchen voller Bilder und Texte – mögen sie Maria Beig, diese herausragende Schriftstellerin, gebührlich ehren.

Peter Blickle und Hubert Klöpfer

Der heimatliche Hof

Nächste Seite:
Familienbild 1939

»Der Fotograf drückte endlich verärgert ab. Ohne Vorwarnung, nur einmal, trotz anfahrendem Windstoß; daher die verdeckten, verärgerten und falsch gedrehten Gesichter auf dem Bild.« ***Rabenkrächzen***

Links: **Eltern 1914**

»Ob er ein frommer Mann war, wußte man nicht,
doch er wollte dafür gelten. Sonntags ging er
zur Kirche und alle Jahre einmal, zu Ostern, zur
Kommunion.« **Ein Lebensweg**

Oben: **Mutter 1908**

»Die Mutter erzählte gern. Waren die Kinder in den
oberen Klassen, erst recht danach, erzählte sie
ihnen aus den Romanen, die sie las. Oft waren es die
heftigsten Liebesgeschichten.« **Ein Lebensweg**

Martin Walser
Erste Notiz über Maria Beig

»Rabenkrächzen«, ein einzigartiges Buch. Ein Buch, als gebe es kein anderes, müsse nie ein anderes geben. Es besteht nur aus Namen und Mitteilungen. Eine Tat nach der anderen. Keine Schilderung, fast kein Erzählen. Nur ein Sagen. Die Autorin ist allen Personen gleich nah. Nach Homers Art. Aber sie stammt überhaupt nicht aus der Literatur. Aber sie ist auch nicht naiv. Ihre Figuren bekommen nur das an Aussehen, was eine Rolle spielt. Meistens ist es eine Verunstaltung. Eine ist hübscher als eine andere, eine größer oder kleiner. Nichts auf der Welt scheint zwei Sätze wert zu sein. Aber einen Satz ist alles wert. Nichts ist so gering, daß es nicht gesagt werden kann. Aber so gesagt, ist es nicht mehr gering. Geschichtsschreibung aus einer Zeit, in der man nur aufschrieb, was man selber erfahren hat. Chronikstil also. Man war selber dabei oder man hat es von einem, der selber dabei war. Gleichmut ist die größte Tugend dieser Autorin. Gleichmütig sagt sie das Größte und das Kleinste, das Entsetzlichste und das Lieblichste her. Das Entsetzliche überwiegt. Ihr ist alles so gegenwärtig, daß sie es nur nennen muß. In der Handschrift, in der sie es einem zum Lesen gibt, steht alles in großen Druckbuchstaben. Man liest eine Fibel. Alle Geschichten, die sie hersagt, zeigen nur, daß sie Geschichte sind. Privates gibt es nicht. Der bürgerliche Roman hat für diese Sagerin noch nicht begonnen. Erst im allerletzten Kapitel dieser Sage zeigt sie ein bißchen Gefühl, Mitgefühl. Da läßt sie es zu, daß der Verlust als Verlust erscheint. Und gleich möchte man sie gegen sich selbst in Schutz nehmen und sagen, das passe nicht zu ihr, das gehöre sich nicht bei ihr. Sie hat sich so unheimlich gut beherrscht bis dahin. Oder sie braucht überhaupt keine Beherrschung. Ihr furchtbarer Gleichmut leitet sie vollkommen. Bis eben zum Schluß. Das ist aber doch auch eine Wohltat, daß sie endlich wenigstens andeutet, wie die Verluste, die sie in Hülle und Fülle hergesagt hat, sie selber stimmen. Vorher machte es andauernd den Eindruck, man sei gegenwärtig bei einem Sterbenden, der es sich in den Kopf gesetzt zu haben scheint, stumm zu sterben. Das einzige, was dieser Sterbende immer wieder sagt, ist der Satz: Ich sterbe jetzt. Er sagt ihn gleichmütig. Aber er stirbt nicht gleich. Er könnte noch viele Sätze sagen. Man wartet. Ist fast unanständig gespannt. Aber wenn er endlich den Mund wieder bewegt, ist es wieder der Satz, daß er jetzt sterbe. Man gibt allmählich zu, daß sich mehr nicht sagen läßt. Sollen Sterbende vielleicht plaudern? Und da Maria Beig nichts mitteilt als das, was die reißende Zeit von 1900 bis heute tut, reagiert sie mit ihren trockenen Sätzen einfach auf den Sog, den der Tod auf das Leben ausübt. Dreizehnfach. Das Buch hat dreizehn Helden. Für mich ist dies Erinnerung ans Großelternland. Die Wörter bzw. die Dinge bzw. die Namen und Taten kommen mir so bekannt vor, daß jeder Satz wie ein Glockenschwengel wirkt, der gegen die Glocke schlägt. Ich muß nach jedem Satz den verschwingenden Tönen und ihren Echos nachhören. Literarisch kommt mir, was Maria Beig geschrieben hat, vor, wie etwas, was auf der Wiese gewachsen ist, während wir anderen Schreibenden alle im Garten wachsen müssen. Der Unterschied ist der zwischen Gartensalbei und Wiesensalbei, der zwischen der Gartenakelei und der Wiesenakelei. In Duft und Feuer. Aber wenn ich das lese, denke ich auch: Hauptsache, daß das jetzt da ist. Stell dir vor, Maria Beig gäb' es nicht, oder sie hätte nicht geschrieben! Dann wäre das alles sang- und klanglos untergegangen. Dann wäre die deutsche Literatur um einen deutlichen Posten saft- und kraftloser geblieben. Vielleicht zu unserem, ganz sicher aber: zu meinem Glück hat Maria Beig nach ihrer frühzeitigen Pensionierung angefangen zu schreiben: Heute liegen schon Manuskripte für drei Bücher vor: »Rabenkrächzen«, »Hermine. Ein Tierleben« und »Babette, Helene, Klara und Martha«. Und alle drei Bücher sind gleich schön. Vorerst darf die Gegend sich gratulieren. Aber vielleicht merken auch Leute, denen das nicht Großelternland ist, was hier für eine Stimme spricht. Früher hatte wahrscheinlich jeder eine Großmutter, die so aufsagte, was gewesen ist. Wahrscheinlich kann nur eine Frau alles Persönliche so zurückhalten und ganz der Lebens- bzw. Todessache treu sein. Das ist vielleicht das Wirkungsgeheimnis dieser Bücher: man hört keinem Individuum zu, keiner Person, sondern einer Stimme. Aber diese Stimme wurde nirgends gebildet als in der Not dieses Jahrhunderts. Dadurch ist sie so stark geworden.

Mit Martin Walser 1980
(im Hintergrund rechts Maria Menz)

Martin Walser
Zweite Notiz über Maria Beig

Endlich kommen diese Hoffiguren zu ihrem Recht. Jeder hier in der Gegend kennt sie. Frauen mit einer unterirdischen oder überirdischen Ausstrahlung. Uns hat ein Gotthelf gefehlt und ein Laxness und ein Giono. Jetzt haben wir Maria Beig. Auf dreißig oder fünfzig Seiten werden achtzig bis neunzig Jahre erzählt. Jeder Satz ein Schicksalsschritt. Ein Sagenmoment. Ein Heldenvers. Was im Epos der Vers, ist hier der Satz. Fast jeder Satz ist ein Gestus. Ein Vorgang. Etwas nicht wieder gut zu Machendes. Babette, Helene, Klara und Martha sind Heldinnen geworden durch diese Erzählerin. Unzählige Babetten und Helenen sind in den letzten tausend Jahren in dieser Gegend so durchs Leben gestoßen worden, als sei das Leben eine bösartige Maschine, nur konstruiert, so einer Babette oder Helene immer den am meisten schmerzenden Schlag zu versetzen. Und zwar immer den im jeweiligen Alter am meisten schmerzenden Schlag. Eine Sekunde Mitgefühl mit dem anderen –, und schon bist du verloren. So geht es hier zu. Babette hat als einzige der Familie Mitleid mit dem fünfjährigen Bruder Ludwig, der mit dem Vettermann auf dessen Einödhof hinter den Wald gehen soll, weg von den Eltern und Geschwistern. Aber dafür soll Ludwig später jenen Hof kriegen. Alle stehen um den schreienden Ludwig herum, grinsend, verlegen. Nur Babette nicht, die zuletzt dazukommt. Der Kleine verkrallt sich in Babette, kommt ihr dabei zu nahe, sie geht mit ihm zum Vettermann, zur Vettersfrau, hinter den Wald. Für immer. Es ist um Babette geschehen. So wird hier gefügt. So geht es zu. Der Dämon der Vereitelung wacht von jetzt an über ihrem Leben. Von 1900 bis 1970 reicht so eine Babette-Sage. Kriege, Katastrophen, Fortschrittswunder, Traditionslasten ... alles arbeitet mit, um aus dem Mädchen eine Jahrhundertfigur zu machen. Sie wird eine Jahrhundertfigur. Aber eine, an der viele Jahrhunderte mitgewirkt haben. Seit spätgotische und barocke Meister in dieser Gegend hiesige Frauen auf Sockel und Altäre stellten, gab es hier keine solchen Erhebungen mehr. Ehemals wurde das vielfältige Leid in schönste Religion gefaßt und so wunderbar generalisiert. Jetzt wird die Passion der unverheirateten Frau auf dem hiesigen Hof in allen ihren ungeheuren Stationen konkret entfaltet. In diesen Frauenfiguren hat die zur größtmöglichen Mißhandlung tendierende Regionalgeschichte ihre endgültige Aufhebung gefunden. Die Geschichte ist in diesen Babette- und Helenensagen sowohl aufgehoben als auch zu Ende. Daher auch die Rührung, mit der man das liest. Es ist vorbei. Und man wird gereizt von einer irrsinnigen Empfindung: Schade. Schade, daß all dieses Furchtbare nicht mehr passieren kann. Es wird keine Babette mehr geben. Die Sorte Größe ist verschwunden, weil es diese Sorte Qual nicht mehr gibt. Gott sei Dank also. Die Erzählerin läßt nicht merken, wie es ihr bei ihrer Sage selber zumute ist. Es gibt keine Farben und

Klänge im Sprachlichen. Sie sagt alles wieder so trocken auf wie schon im »Rabenkrächzen«. Der Kontrast zwischen der Ungeheuerlichkeit der Vorgänge und der Trockenheit der Sage produziert Humor. Diese Sage gewinnt ihre Solidität hauptsächlich dadurch, daß jeder Vorgang wirkt, als sei er tausendmal geschehen, bis er einmal aufgezeichnet wurde. Nichts ist hier so abwesend wie das Subjektive. In den Klara- und Martha-Kapiteln zeigt die Erzählerin, daß sie das nicht nur mit Bauernfiguren kann: auch das bürgerliche bis großbürgerliche Frauenleben bringt sie in ihre unerbittliche Fassung. Es muß allerdings hier in der Gegend verlaufen, dieses Leben, im Hinterland des Bodensees; und es darf sozusagen nicht gut verlaufen. Das sind die Bedingungen, daß so gewaltige Figuren entstehen wie diese vier Hochzeitslosen, die dann so schön anzusehen sind an ihrem literarischen Ort, diesem Dom aus Zeit.

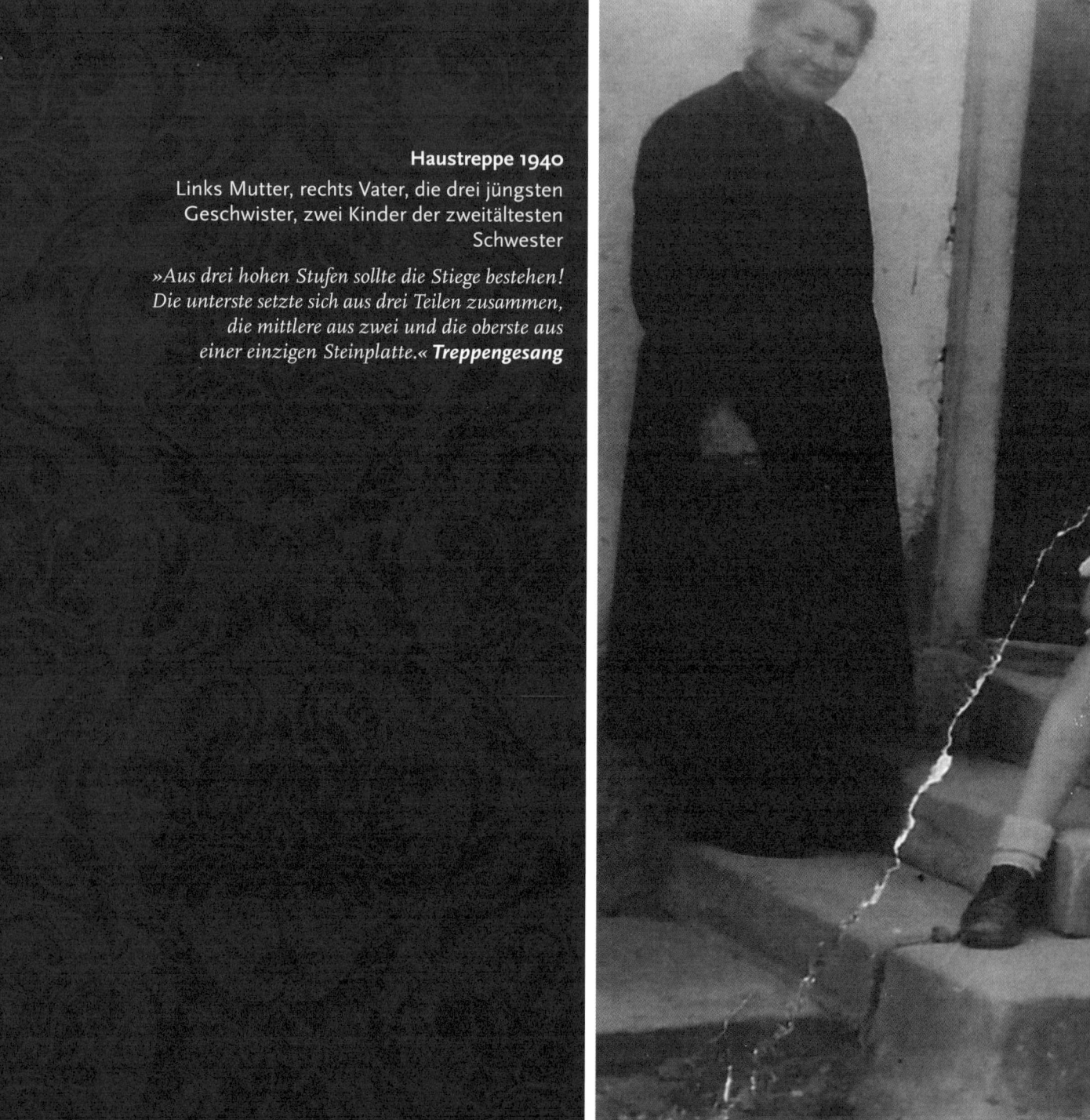

Haustreppe 1940
Links Mutter, rechts Vater, die drei jüngsten
Geschwister, zwei Kinder der zweitältesten
Schwester

»Aus drei hohen Stufen sollte die Stiege bestehen!
Die unterste setzte sich aus drei Teilen zusammen,
die mittlere aus zwei und die oberste aus
einer einzigen Steinplatte.« **Treppengesang**

Manfred Bosch
Jenseits des Gehrenbergs

Laudatio

In »Martha«, dem letzten der vier Frauenporträts von Maria Beigs »Hochzeitslose«, kommt ein Ingenieur vor, der die Bauern für eine Elektrifizierung ihres Tals bei Tettnang zu gewinnen sucht. Da so bahnbrechende Neuerungen sonst ihren Anfang anscheinend nicht im eigenen Gäu nehmen, vermutet man in dem cleveren Fremden einen halben Ausländer; und aufgrund seiner Sprache einigt man sich am Stammtisch schließlich darauf, ihn dem Badischen zuzuordnen – worauf einer der mit am Tisch sitzenden Einheimischen fast andächtig hinzufügt, das sei ja schon hinter dem Gehrenberg!

Nun, diese Zuordnung läßt sich schwerlich bestreiten; es ließe sich aber damit zur Not auch leben, teilen wir dieses Schicksal doch mit Paris und New York und dem Rest der halben Welt. Ich plädiere deshalb dafür, keine altbadischen und schwäbischen Patriotismen gegeneinander aufzurechnen, sondern die beiden Regionalhemisphären diesseits und jenseits des Gehrenbergs einander gleichzustellen. Bei Ihnen, sehr geehrte Frau Beig, darf ich wohl voraussetzen, daß Ihnen das Badische nicht so fremd ist wie unserem Gewährsmann – aber eine gewisse Überraschung, wie und weshalb man denn jenseits des Gehrenbergs darauf verfalle, Ihnen einen literarischen Preis zuzuerkennen, diese Überraschung vermag ich bei Ihnen denn doch nicht ganz auszuschließen.

Ohne Existenz und Bedeutung von Welt- und Wahrnehmungsgrenzen weiter zu strapazieren, schlage ich Ihnen deshalb ein Geschäft vor: Sie stellen uns für die Dauer dieser Laudatio einige Ihrer Romanfiguren zur Verfügung, damit sie uns Badenern Einblick geben können in Ihre Welt jenseits des Gehrenbergs, und Sie werden im Gegenzug erfahren, was es uns an Ihren Büchern hier im Badischen denn so angetan hat.

Am leichtesten tun wir uns mit dieser Welt jenseits des Gehrenbergs, wo es um das Äußere, um ihr Erscheinungsbild geht. So wie die Autorin sie uns schildert, kennen wir sie aus der Perspektive der Durchreisenden und Urlauber: sie liegt »vor den hohen Bergen ... und nicht weit ist es bis zum großen See. Die hügelige Beschaffenheit macht sie schön und überaus reizvoll. Es gibt darin außer Hügeln Bäche, Weiher und Moore, Äcker und Wiesen, Halden und Wälder. Nichts fehlt in dieser Gegend.«

In diesem Paradies stehen vier abgelegene Bauernhöfe, die seit Menschengedenken zusammengehören und die nach ihrer Lage Hanghof, Berghof, Weiherhof und Bachhof heißen. Auf einem von ihnen, dem Hanghof, ist Maria Beig 1920 als sechstes von 14 Geschwistern geboren. Sieben davon sind Schwestern, jene sieben, die sich in unserer Zeit aus Anlaß der Beerdigung Ihres Onkels in der alten Heimat wiedertreffen. Sie werden von den verschiedensten Erwartungen getrieben, bei allen ist ein Moment der Sehnsucht vorherrschend, und da leuchtet auch wohl ein mächtiges Stück Kinderland aus fernen Zeiten herüber. Doch die Zusammenkunft

ist weit davon entfernt, diesen schieren Inbegriff von Heimat zu bestätigen. »Rabenkrächzen«, von diesem Treffen der sieben Schwestern sowohl angeregt wie es eingangs schildernd, ist vielmehr die Beschreibung eines fortlaufenden Verlusts an Heimat.

Am ehesten kann man diesen Verlust noch beschreiben, soweit er mit äußerem Wandel, mit den Veränderungen in der Landwirtschaft zu tun hat. Was dadurch Vorschub geleistet wird, sind jene bekannten Maßnahmen mit den euphemistischen Bezeichnungen Sanierung und Rationalisierung. Ihnen wurden alte Baumbestände, der Weiher und ein schön geschwungener Bach geopfert und durch eine öde Monokultur ersetzt; Ställe wurden zu Ferienwohnungen umgebaut und eine phantasiearme Einheitsarchitektur protzt nun mit den herausgeputzten Versatzstücken einer schon unwirklich gewordenen Vergangenheit.

Doch auch die menschlichen und familiären Beziehungen sind von diesem rapiden und gründlichen Wandel nicht ausgenommen. Die Großfamilien der vier Bauernhöfe – seit je verwandtschaftlich miteinander verbunden – fallen auseinander, traditionelle Beziehungen und soziale Kontakte gehen verloren. Die auf den Höfen aufgewachsen sind, fühlen sich, selbst verändert, zunehmend fremd. Auch das Verhalten und Empfinden der sieben Frauen wird zum Abgesang auf die Hoffnung, alten Erinnerungen eine Chance der Bestätigung zu geben. Selbst der alte Familienzusammenhalt erweist sich als brüchig: Statt der mürrisch vorgetragenen Einladung zum Totenmahl zu folgen, stiefeln die Schwestern von Grab zu Grab, als seien sie ganz sicher, daß die besten Erinnerungen dort mitbegraben seien. Der anschließende Kaffee, eingenommen bei der ortsansässigen Schwester, enthüllt dann die schwieriger gewordene Verständigung, ja eine Krise der gegenseitigen Beziehungen. Als schließlich alle viel früher aufgebrochen sind als geplant, weil das Gespräch nicht recht aufkommen wollte, räsonniert die Gastgeberin vor dem verwaisten Geschirr, das die eigene Leere so recht verdeutlicht: »Schon seit längerer Zeit sind unsere Zusammenkünfte nicht mehr schön, und heute war es ganz schlimm. Es kam ihr vor, als sei die Heimat erst jetzt endgültig verlorengegangen.«

Doch »Rabenkrächzen« ist nicht einfach eines jener typischen Reaktionsmuster auf Heimatverlust, wie sie in den letzten Jahren oft benutzt worden sind; und schon gar nicht erschöpft es sich in der bloßen Zerstörung der Legende von der dörflichen Welt als vorgeblich heiler. Im Konzept dieser Chronik bildet die Auseinandersetzung mit dem Heimatverlust eher eine Art affektiver Klammer, die eine höchst eigenwillig und lebendig erzählte Geschichte der Bewohner der vier Bauernhöfe in diesem Jahrhundert umschließt. Jeder Geschichtsabschnitt prägt das Schicksal dieser Höfe auf seine Weise, die beiden Weltkriege mit ihren Gefallenen am nachhal-

tigsten. Aber da sind auch die wirtschaftlichen Krisen der zwanziger und beginnenden dreißiger Jahre, über die man nicht hinaussah, die Höfe in unlösbar scheinende Probleme stürzten und böse Szenen auslösten, in denen von »Aufhängen« und »alle Kinder totschlagen« die Rede war. Dann versprachen die Nazis die Rettung des Bauernstandes; Höfe durften nicht mehr versteigert werden. Auf dem Hanghof war es die Bäuerin, die als erste den Aufwind witterte und den Vater in die Versammlungen schickte. Von der Abschaffung der Arbeitslosigkeit als Programmpunkt versprach man sich eine Stärkung der Kaufkraft, die auch den Marktbauern zugute kommen würde. Während der Onkel auf dem Berghof ein erbitterter Gegner der Nazis wird, zieht der Hangbauer die braune Uniform an, wird Zellenleiter und Gemeinderat, und die politischen Auseinandersetzungen schaffen böses Blut bis in die Familien hinein: »Der Vater holte die schöne, große Tafel von der Wand. Josef hatte das Bild zur Hochzeit seines Bruders gemalt. Es stellte die Heilige Familie dar: Der Heilige Josef zimmerte, Jesus hielt das Brett und Maria goß Geranien. Es war ein schönes Bild, und die Leute lobten es; es war vor allem des kunstvollen Rahmens wegen der Familienstolz. Da hinein tat der Vater das Hitlerbild. Es war keine Fotografie. Der Kunstmaler hatte den Hitler schlecht getroffen: seine Hauptmerkmale waren übertrieben, der Scheitel rechts saß zu tief und der Oberlippenbart war viel zu groß.

Oben: **Die vier ältesten Geschwister, 1920**
Unten: **Sieben Schwestern und eine Nichte bei Schwester Gertrud in der Stube, 1984**
Nächste Seite: **Der jüngste Bruder (Hoferbe)**

Außerdem schaute er wie ein gutmütiger Onkel, und das Braun seiner Uniform war mehr ein Rot. Sebastian fluchte und schrie, das sei eine Schande, er gehe überhaupt nicht mehr in die Stube, und aß tatsächlich zwei Wochen lang am Küchentisch.«

Der beschriebene Konflikt belegt zugleich, woran sich der Nationalsozialismus in die Länge gesehen totlief: an der stabilen Beharrungskraft des katholischen Milieus und kirchlichen Traditionssystems. Und doch hatte er auch gerade bäuerliche Mentalität unter seine despotische Räson gezwungen – so sehr der schlechte Pomp und das aggressive Pathos dem bäuerlichen Realsinn auch zuwider sein mochten. Die Hangbäuerin jedenfalls wollte das Unrecht des Krieges erst einsehen, als man drauf und dran war, ihn zu verlieren und er auf das eigene Land zurückzuschlagen drohte. Die Mutter, resümiert Maria Beig diese Wendung lakonisch, war nach dem Krieg fromm geworden, so ausschließlich fromm, wie sie vormals ausschließlich für den Hitler war.

Es ist erstaunlich, mit welcher Sicherheit Maria Beig den schmalen Grat zwischen notwendiger Distanz und Verständnis für die Personen zu halten weiß, wie sie die Dinge eindeutig sieht und sich doch ganz dicht hinter ihre Figuren stellt. Obwohl die Ereignisse sie mitunter in ein komisches Licht rücken, werden ihre Figuren doch nirgends der Lächerlichkeit preisgegeben, und da die Beig ihre Subjektivität

nicht ausblendet, behält auch noch der in seinen politischen Wahn Verrannte seine eigene Würde. Ein vielfältiges Erzählinteresse erschließt uns über zahllose Anekdoten und Einzelheiten, Begebenheiten und Nebensächlichkeiten ein getreues Bild der Lebensbedingungen und Lebensverhältnisse, der Verhaltensweisen und Einstellungen. Geschichte nährt sich so aus Geschichten, ohne ins Unangemessene, ins Verniedlichende umzukippen, setzt sich zusammen aus Erinnerungen, die, vielfach ineinander verschlungen und miteinander verklammert, sich in vorgegebene Strukturen einfügen oder ihnen widerstreiten. Chronik als eine Schilderung der laufenden Ereignisse wie auch ein Versuch, Geschichte zu bewältigen und ihr einen Sinn zu geben.

Diese doppelte Perspektive von »Chronik« fügt sich in ein Verhältnis zur Wirklichkeit ein, das sich bereits bei der Schilderung des Treffens der Schwestern in der Heimat bewiesen hatte. Wie für Maria Beig dort nicht die befristete Anstrengung schöner Seelen zum sentimentalen Anlaß zählte, so kommt es ihr auch bei der Vergangenheit nicht auf einen präsentablen Sonntagsstaat an, nicht auf einen geordneten Faltenwurf, der doch nur den Adam des Alltags verdeckte. Es gibt in »Rabenkrächzen« eine weitere Episode, wo die verbissene Einübung in die pure Eintracht gründlich danebengeht – das Familienbild am Ostersonntag. Sein Scheitern gerät zu einer hintergründigen Ironisierung des Verhältnisses von Wunschbild und Wirklichkeit:

»Der Fotograf kam am späten Vormittag des Ostersonntags. Er mußte einigemal um Haus und Stadel gehen, um einen geeigneten Platz für die Riesenfamilie zu finden. Dann entschied er sich für eine rückwärtige, kahle Hauswand. Die große Haustreppe wäre der richtige Platz gewesen, doch da peitschte ein kalter Wind den Regen hin. Unter dem großen Vordach war man vor dem Regen sicher. Es wurde trotzdem ein abscheuliches Bild, das nicht, wie ursprünglich geplant, aufgehängt werden konnte: Der Vater machte darauf sein bösestes Gesicht. Auch Mutter hatte einen ärgerlichen Ausdruck, den man selten bei ihr sah. Viktor, auf den alle so sehr stolz waren, machte die Augen zu und den Mund weit auf. Jannas und Dorles Gesichter waren nicht zu sehen; ein flatternder Kragen und eine wehende Haarschaukel verdeckten sie. Bei Sebastian sah man einen Furunkel auf der linken Wange. Er litt an Furunkeln, seit er beim Militär war – normalerweise saßen sie im Genick –, und er wollte jetzt das Gesicht so drehen, daß das Geschwür nicht zu sehen wäre, doch drehte er es zur falschen Seite. Auch Matthias' offenes, schönes Gesicht wirkte entstellt: er drückte krampfhaft den Mund zu. Während des ganzen Frühjahrs hatte er eine böse Zahngeschichte. Viele Nächte ging der Vater zu ihm mit Kamillentee. Schnaps, Kälte und Wärme waren die Heilmittel. Der Vater schaute nach den Kindern, denen nachts etwas weh tat, er hatte Verständnis für Schmerzensnächte. Matthias' Zähne eiterten und fielen aus, am Karfreitag ein vorderer Stiftzahn. Nicht nur das Wetter machte Schwierigkeiten. ›Sie sollen ihre Mützen abnehmen‹, sagte der Fotograf, denn die Zwillinge hatten ihre Schiffchen, die zur Uniform gehörten, schräg ins Gesicht gesetzt. Paul tat dies denn auch und rückte näher zu Matthias. Doch Josef dachte nicht daran und rückte ab vom Haufen, als gehöre er nicht dazu. Als der Fotograf sah, wie schlecht sich dies und vor allem die Abwechslung von Groß und Klein in der letzten Reihe ausnahm, schrie er: ›Der Lange soll nach innen.‹ Als sich Josef immer noch nicht rührte, sagte der Vater: ›Laßt ihn stehen, wie er will‹, und der Fotograf drückte endlich verärgert ab. Ohne Vorwarnung, nur einmal, trotz anfahrendem Windstoß, daher die verdeckten, verärgerten und falsch gedrehten Gesichter auf dem Bild.«

Ich weiß nicht, ob deutlich geworden ist, wie raffiniert diese scheinbar so naiv erzählte Episode ist: in dem Maße, wie das Mißlingen der gestellten Aufnahme offenbar wird, vollendet sich ein stimmiges literarisches Porträt, dessen Wirkung gerade darin besteht, daß die von ihren Trägern versteckten Züge und Merkmale deutlich hervortreten. So wie der Fotograf, »erwischt« auch Maria Beig – im übertragenen Sinn – stets ihre Figuren: »Ohne Vorwarnung, nur einmal, bei anfahrendem Wind« – sprich dann, wenn sie sich gerade zur Kenntlichkeit

Oben: **Die fünf kleinsten Geschwister, ca. 1930**
Unten: **Fünf Schwestern, 2005**

Oben: **Die fünf jüngeren Töchter, 1936**
Unten: **Fünf Schwestern in Garten, 2006**
Genau siebzig Jahre nach dem Foto in den Blütenkleidern

entwickelt haben. Für die Gefälligkeit solcher Porträts ist freilich nicht zu garantieren, wohl aber für ihre Stimmigkeit und Ehrlichkeit.

Eine weitere Ebene dieses Realismus bildet die Unmittelbarkeit dieser Prosa. Fast alles wirkt wie gesagt oder wie eine Wiedergabe von Gehörtem und Erfahrenem. Irgendwie ist alles auf dem kürzesten Weg zu Literatur geworden, den man sich denken kann. Doch was heißt Literatur? Wird nicht vielmehr jeder Kunstanspruch vermieden, nicht wenigstens so tief gehängt, als sei die Absicht, Literatur zu machen, Kunst zu produzieren, so ungefähr das letzte, was diese Autorin uns zumuten möchte? Erzählen wie es war, das scheint Maria Beig vollauf zu genügen. Und da sie erzählen kann, ist es eben doch Literatur. Aber das Schöne darin ist, daß man das überhaupt nicht merkt und ihre Bücher vor allem nicht als Beitrag zur Literatur lesen muß. Die Kunst der Preisträgerin, so möchte man es paradox formulieren, besteht in ihrer Kunstlosigkeit.

Lassen Sie mich, bevor ich auf das Frauenbild unserer Autorin zu sprechen komme, noch ein paar Anmerkungen machen, die sich auf das Gattungsproblem beziehen. Sowohl »Rabenkrächzen« als auch »Hochzeitslose« sind als Romane ausgewiesen, »Rabenkrächzen« zusätzlich als »Eine Chronik aus Oberschwaben«. Bei der letzten Bezeichnung ist mir persönlich wohler, denn wo der Roman und seine Helden Geschichte erst schaffen, ist sie in der Chronik bereits vorgegeben und abgeschlossen, und während der Roman – zumindest in seiner bürgerlichen Spielart – seine Helden in die Bewährungsarena schickt, sie für persönliche Einmaligkeit und einzelkämpferische Erfolgsmoral ausbildet, haben die Figuren Maria Beigs allesamt etwas von Statisten, schwebt über ihnen ein Fatum, das sie bald um*weht* und bald *um*weht. Diese ungeschütztere Position wird ausgeglichen durch eine größere Verhaftung mit Sippe und Verwandtschaft, wie sie der bäuerlichen Mentalität entspricht. Wenn der Älteste der Hangbäuerin nach dem Vorgänger auf dem Hof auch wieder Matthias heißt, weil dieser Name schon auf den Kornsäcken steht, dann gibt sich darin nicht nur ein lebenspraktischer Sinn zu erkennen, sondern auch ein ausgeprägtes bäuerliches Familien- und Traditionsbewußtsein. Deshalb hat die Prosa von Maria Beig auch nicht einzelne Helden durchzufüttern, sondern einen inflationär aufgeblähten Personalbestand von vier Höfen aus fünf Generationen – einen kaum zu überblickenden Hofstaat mit Basen und Getten, Vettern und Vizegettekindern. Mitunter scheint diese Fülle und Vielfalt verwandtschaftlicher Beziehungen selbst der Autorin etwas zuviel zu werden, einmal jedenfalls entschuldigt sie sich sogar dafür: »in dieser Geschichte« (gemeint ist »Rabenkrächzen«) »wird eine Spur zuviel geboren, gestritten, gestorben und geweint«. Und ein andermal mutmaßt sie, es sei bisher dem Leser einiges zugemutet worden.

Doch die »Realistentugend Unerbittlichkeit« verlangt, daß derlei »Zumutungen« an den Leser weitergegeben werden. Die Autorin scheint da auch vollkommen machtlos; sie hat schließlich nicht erfunden, was da steht, und etwas wegzulassen, was sie über ihre Figuren weiß, dazu fühlt sie sich ihnen gegenüber nicht berechtigt. Wo kämen wir auch hin, wenn ein Chronist so mutwillig mit seiner Fürsorgepflicht verfahren dürfte ...

Besonders genau nimmt es Maria Beig mit dieser Chronistenpflicht bei den Frauen. Mit »Hochzeitslose« hat sie die Reihe der eindrucksvollen Mädchen- und Frauenporträts in »Rabenkrächzen« um vier weibliche Porträts erweitert: Babette, Helene, Klara und Martha, zwei Bäuerinnen und zwei Bürgerliche. Der ebenso poetische wie sprechende Titel verdeutlicht bereits, daß es um unglückliche Lieben, um Ehelosigkeit geht. »Bei manchen«, schreibt Maria Beig, »war nicht der Krieg schuld, sie hatten Kröpfe und Warzen. Manch eine war jedoch überdurchschnittlich hübsch; diese hatten die Ansprüche zu hoch geschraubt, im Hui waren Gelegenheiten verpaßt. Eine andere war aufrichtig fromm und ihr die Ehe eine zu sündhafte Sache. Von manchen Höfen wußte man, daß eine Tochter, meist die älteste, Aussteuer und Vermögen bekam, den weiteren Töchtern aber eine Heirat strikt verboten wurde. Sogar Mütter gönnten nur Söhnen sowie dem Sach Wohlergehen.« Ein rigider Moralkodex, ländliche Traditionen, innere Hemmnisse und äußere Gegebenheiten sind also verantwortlich für diese »Hochzeits-Lose« – und die bedeuten für Bauernmädchen eben nicht nur, keinen Mann zu haben, sondern auch den menschlichen und sozialen Abstieg ins Gesinde, ins Magddasein.

Babette und Helene sind dafür die sprechendsten, also stummsten Beispiele. Eine von Tag zu Tag wachsende Rechtlosigkeit tut sich da auf, sobald nur einmal das Regiment der Schwägerin auf dem Hof fest installiert ist. Über Helene heißt es, als die Schwägerin ihre ersten Kinder zur Welt gebracht hat: »Nun störte Helene in der Stubenkammer. Anni (die Schwägerin) dachte sich aus, wie geschickt sie als Kinderzimmer wäre. Das war verständlich, Helene sah es auch ein, und es ging alles im Guten ab.« Es geht fortan alles im Guten ab, weil diese Behandlung, einmal akzeptiert, ihre eigene Dynamik entwickelt; die Ausquartierung in die triste Dachkammer, die ein herzloser Maurer auf die Brennerei gesetzt hat, beweist ihr nun täglich die Grenzen ihrer Rechte, wehrt mehr und mehr auch das Selbstverständliche ab. Einmal aus dem Haus, ist es auch mit dem »nur so nehmen« nichts mehr; wenn sie etwas braucht, muß sie sogar die Enkelin fragen. »Meinst du«, sagt ihr diese einmal, »ich will es einmal so haben wie du und um das Brot und die Milch betteln? Ich will später einen Beruf lernen, einen rechten.«

Die zweite Helene der »Hochzeitslose« ist Babette; ihr ist das längste und bewegendste der vier Porträts gewidmet. Wie schon bei Helene ist auch hier von mehr als einem Schicksal die Rede. »Es ist schon lange her, als es mit Babette anfing« – mit diesem weit ausholenden, weit zurückweisenden erzählerischen Notenschlüssel beginnt das Porträt, das Babette in den Zusammenhang unterdrückter Weiblichkeit stellt, und auch der letzte Satz weist in diese Richtung: Babette liest in der Zeitung die Todesanzeige eines früheren Geliebten, und unter den Trauernden ist auch ein Kind mit dem Namen Babette aufgeführt. »Da riß ihr Ludwig die Zeitung weg und schrie sie an: ›Hast du denn gedacht, du seist die einzige Babett auf der Welt?‹«

Die Frage ist rhetorisch, versteht sich; Babettes gab und gibt es auf jedem Hof und was aus dieser spricht, ist eine kollektive Leiderfahrung; wofür diese Babette steht, das sind die Versagungen und Verletzungen aus vielen Generationen ...

Irgendwoher beziehe ich die feste Vorstellung, daß Babette Maria Beig besonders nahesteht. Nicht nur, weil sie sie mit besonders viel Sympathie ausgestattet hat, sondern weil sie ihr auch besonders viel Kraft und Mut mit auf den Weg gegeben hat, zu sich selbst zu stehen. Die dafür notwendige Energie bezieht Babette nicht zuletzt aus ihrer Begegnung mit Rosalia, einem jener Italienerkinder, die der Dorfpfarrer als ein Werk der Barmherzigkeit aufzunehmen

empfohlen hatte. Es ist, als ahne die fünfzehnjährige lungenkranke Rosalia ihren baldigen Tod und versuche nun durch Intensität auszugleichen, was ihr an Dauer verwehrt sein wird, und in diesem Lebenshunger, einer halben Kinderkriminalität, bildet sich zwischen den beiden eine freundschaftliche Kumpanei aus, die bei Babette zu einem unverkrampfteren Verhältnis von Sinnlichkeit und Sittlichkeit führt. Im weiten Herz der Babette hat nun beides mit größerer Selbstverständlichkeit Platz: das Singen zu Gottes Lob und Ehre im Kirchenchor und die Liebe. Doch Babette zieht in dem sexualausbeuterischen Verhältnis mit Männern, die in der patriarchalischen Welt sowohl das Gesetz des Handelns als auch das Recht auf ihrer Seite wissen, stets den Kürzeren. Da ihre Sehnsucht ungestillt bleibt, entwickelt sie auf Dauer Listen der Ohnmacht, die sie schadlos halten sollen und um den Preis zunehmender Außenseiterschaft auch von der zugedachten Rolle entfernen. Sie verbindet dies mit einer Mißachtung, ja Herabsetzung von Institutionen und Autoritäten, bei denen sie einen Zusammenhang mit ihrer Unterdrückung ahnt; und es liegt etwas Anarchisches darin, wenn Babette, die früher gern ihren Stimmungen durch das Singen von Agnus Dei's, Kyries's und Gloria's Ausdruck gab, nun gar ihre eigenen Messen im Keller feiert. Jene von Männern beherrschten Institutionen jedenfalls, jene Sachwalter eines alleinigen Heiles, einer herrschenden Ordnung, finden den zunehmenden Protest ihres mehr und mehr gefühlsrebellischen Sinnes.

Im bewußten Überschreiten dessen, was als schicklich gilt, entwickelt Babette etwas von jenem Eigen-Sinn, den René Allios »Unwürdige Greisin« auszeichnet: ein spätes Sich-Erkunden und Ausprobieren, eine Tendenz auch zu aufmüpfig verquerer Rede: Da wird in nächtlicher Kumpanei mit allerhand Leuten die Macht der Kirche verwunschen, die Rebellion der Studenten gutgeheißen, die sexuelle Verklemmtheit zum Teufel gewünscht und räsonniert, es sei besser gewesen, Deutschland quer anstatt längs zu teilen. In einer seltsamen Mischung aus Altersfrömmigkeit und Kinderverhalten gibt sie sich mehr und mehr verrückt – ver-rückt von jener Stelle nämlich, auf die ein strenger Moralkodex und traditionelle Rollenbilder sie gewiesen haben. Aber Babette bleibt zum Schluß doch nur ein fragwürdiger Triumph: ihre ehemaligen Peiniger alle vor sich sterben zu sehen. »Wenn Babette von diesen Todesfällen hörte, bekam sie den irren Ausdruck im Gesicht. Ludwig schaute sie dann ängstlich an, erst recht, wenn sie mit der Faust auf den Tisch schlug und dazu sagte: ›Ich zwinge sie alle‹, oder: ›Ich werde über alle Herr.‹«

Kampfansage? Widerstandsverhalten? Oder bloße Allmachtsphantasien? Weder dürfen diese Dinge überbewertet noch überinterpretiert werden, und schon gar nicht darf man sie in ein feministisches Emanzipationsmuster pressen.

Ich bin mir nicht einmal so sicher, ob feministische Naturen mit Maria Beigs Büchern so ganz glücklich wären. Sicher, sie bilden eine wahre Fundgrube für Belege unterdrückter Weiblichkeit – aber da kommt auch mal einer vor, der sucht eine Frau wie aus dem »Schächtele«, und was er findet, sind doch nur lauter Schachteln ... Oder nehmen wir die beiden Titel: »Rabenkrächzen« zeugt von einem gehörigen Maß an Selbstironie; »Hochzeitslose« belegt ein Stück weit auch die Vorstellung, die Frau sei auf den Mann, die Ehe hin angelegt – was ja offenbar den Widerspruch von immer mehr Frauen findet. Und dann wäre da noch der ganz und gar unkämpferische Gleichmut der Autorin zu bedenken, ihre humorvolle Gelassenheit – obschon es sich bei ihren Büchern um nichts weniger handelt als um private und familiäre Katastrophenberichte. Von Larmoyanz indes sind sie gleichweit entfernt wie vom Klageweiber-Ton.

Festzustellen bleibt ein prekäres Gleichgewicht zwischen den Geschlechtern in »Rabenkrächzen«; schwierige Zeiten für die Liebe in »Hochzeitslose« – also eine besondere weibliche Not. Doch hat diese Not immerhin auch eine Erzählerin erstehen lassen, die ihr gewachsen ist, ihr einen einzigartigen erzählerischen Ausdruck gegeben hat. Plötzlich hat die Welt jenseits des Gehrenbergs ein Medium, durch dessen Organ, durch dessen Fähigkeiten sie zu uns sprechen kann. Was vorher nur schön, aber stumm war, hat jetzt eine kräftige Stimme; jetzt ist ein Lob des Landes zu singen, das seine Menschen nicht mehr ausschließt.

Dennoch können wir es nicht für selbstverständlich halten, daß diese Stimme auch öffentlich geworden ist. In einer biographischen Notiz, die Maria Beig mir überlassen hat, gibt die ehemalige Hauswirtschaftslehrerin an, sich nach ihrer frühen Pensionierung 1977 »Dinge von der Seele geschrieben« zu haben. Ich vermute, daß sich diese Formulierung glatter und problemloser anhört, als es in Wirklichkeit war. Wenn man sich die Frauenfiguren ihrer Bücher ansieht – und Maria Beig ist ja eine von ihnen –, wenn man sich vergegenwärtigt, welche Rolle Schweigen und Sich-Abfinden bei ihnen spielen, welche Leidensfähigkeit sie auszeichnet, dann wird ein schneller Schrecken auf einmal ganz heiß: Wo steht eigentlich geschrieben, daß Maria Beig ihre Probleme beim Schreiben bewältigen *mußte*? Daß sie den Mut aufbringen würde, jenen Mißverständnissen entgegenzutreten, die ihre Literatur für eine einzige Indiskretion hielten? Daß sie ihren Zweifeln und Anfechtungen standhielt, als ihr noch keine öffentliche Anerkennung den Rücken stärkte?

Ich möchte zum Schluß noch einen Satz von Franz Innerhofer zitieren, dessen Romane mir gar nicht so fern von denen Maria Beigs zu liegen scheinen: »Während man anderswo lange über Belanglosigkeiten redet, schweigt man bei uns über das Ärgste.« Ich weiß nicht, was das Ärgste ist, aber ich bin sicher, daß Maria Beig ihr Ärgstes nicht verschwiegen hat – auch wenn sie aus keiner Innerhofer-Welt zu berichten brauchte.

Liebe Frau Beig, zwei Bücher liegen bis jetzt von Ihnen vor. Diese Bücher sind entstanden aus Erinnerung und erstgenommenen menschlichen Sehnsüchten. Und da nichts so harmoniesüchtig ist wie Erinnerung, nichts so sentimentalitätsgefährdet wie Sehnsucht, war Ihr Risiko riesengroß. Aber Sie sind nicht nur nicht gescheitert, Sie haben redliche, wichtige Literatur geschrieben. Literatur, in der, um ein Wort Ernst Blochs aus seinen »Spuren« zu zitieren, nicht nur Geschichten erzählt werden, sondern in denen man auch zählen kann, was es geschlagen hat. Und von dieser Literatur brauchten wir mehr – diesseits und jenseits des Gehrenbergs.

Umzugswagen für das Kinder- und Heimatfest, 1931

»Glaube«, »Liebe«, »Hoffnung« steht auf den Stirnbändern. Maria Beig ist die Vierte von links: »Liebe«

Schulklasse 1948, Grundschule Obereschach/Ravensburg
(Maria Beig ist die Lehrerin ganz rechts)

»Es kamen immer noch welche hinzu, denn im Hinterland fanden Fliegergeschädigte Aufnahme. Bombengefährdete aus dem Saarland kamen. Es existiert ein Klassenfoto aus dieser Zeit. Die vorderste sitzende Bubenreihe war so breit, daß der Photograph nicht alle erfaßte. Jedesmal, wenn sie das Bild betrachtet, denkt sie der weinenden Kinder, die nicht draufgekommen sind.«
Ein Lebensweg

Martin Walser
Dritte Notiz über Maria Beig

Wieder klingt nichts erfunden. Jeder Satz ein Faktum. Aber das Schicksalsmuster, das hier entsteht, ist so intensiv, daß Kunst im Spiel sein muß – vielleicht unwillkürliche. Oder sind es bloß Tiergeschichten, wie sie in der Erinnerung einer Bauerntochter liegen geblieben sind? Aber es sind ja lauter böse Geschichten.

Hermine hat nicht nur Pech, sie produziert Dilemma. Auf Schritt und Tritt. Im 15. Jahrhundert wäre diese Hermine nach schlimmen Foltern und Verhören ganz schnell als Hexe umgebracht worden. Selbst im 20. Jahrhundert zieht sie aus ihren immer unglücklich verlaufenden Tierbegegnungen noch den Schluß, daß in ihr eine Schuld sein müsse, die die Tiere zu dem katastrophenträchtigen Verhalten ihr gegenüber inspiriere. Diese Katastrophen sind so grauenhaft wie komisch. Allmählich kommt man auf die Idee, Maria Beig erzähle einfach die Furchtbarkeit des Lebens mit Hilfe von Tiererlebnissen; besonders wenn sie die unheimliche und unheimlich schöne Eulenpassage erzählt. Da ist die Erzählerin, als es ihr ans Leben geht, zur Tier-Scheharazade geworden. Durch Erzählen überlebt sie. Der Eule entgeht sie.

Wer das »Rabenkrächzen« liest, kann auf den Gedanken kommen, diese Autorin könne nur ein Buch schreiben, eben diese Hof-Sage in ihrer kriegereichen, katastrophenvollen Zeit. Es ist überraschend, es ist fast ein bißchen sensationell: diese Frau kann nicht nur die Hof-Sage hinerzählen wie irgend ein Isländer oder sonst jemand aus einem noch sagenstarken Volk, sie kann auch einen Roman zusammentragen aus nichts als Fabelstücken. Das ist eine sonst nirgends mehr vorhandene Fähigkeit. Und sie ist ganz von selbst vorhanden. Als wüßte sie nichts von sich. Diese Hermine kriegt ein durch Wiederholung entstehendes Erlebnisprofil, so bestimmt und traurig komisch, daß man manchmal sogar an den Ritter aus der Mancha denkt. Was ihm die Ritter, sind ihr die Tiere. Von den Rittern gab es ja bis zu seinem Auftritt auch hauptsächlich schön strahlende Bildnisse. Wie von den Tieren in unserer Zeit. Und da kommt jetzt eine, die hat über und mit Tieren nichts als Furchtbares zu bieten. Zwischen dem spanischen Ritter und unserem Wilhelm Busch suchen diese Beig-Bilder ihren Platz. So kann man wahrscheinlich nur erzählen, wenn man nichts dafür kann. Wer hat sich je so auf die Herkunft verlassen müssen wie diese Erzählerin? Wenn man sich in unserer Zeit, hundert und mehr Jahre nach der Aufzeichnung der letzten Märchen fragt, wie es eigentlich zu Märchen komme, dann fühlt man sich, nachdem man Hermines Tierleben gelesen hat, ein bißchen kundiger. Kein Zweifel – aus solchem Mund sind die Märchen gekommen. Man wird noch einmal Zeuge des reinen Erzählens. Noch eine Maria Beig kann ich mir nicht vorstellen. Die Höfe sind wegrationalisiert. Wo soll da noch eine Maria Beig herkommen? Wer wird noch einmal so nahe der Not und dem Mittelalter aufwachsen, daß er ein Schuldbewußtsein entwickelt, das eine Fatalität nach der anderen direkt produziert! Wo thront noch einmal ein solches Fabelelternpaar über einem kleinen Mädchen und zwingt es durch schaurige Verheißungen zu einem Fehltritt nach dem anderen! Wie ein Wesen sich bildet, hier wird's erzählt: peinlich konkret, erschütternd konkret, poetisch.

**Maria Beig neben ihrem ersten Motorrad,
einer DKW 125, den Vergaser flutend, 1948**

*»Des weiten Weges wegen hatte sie nach dem Fahr-
rad ein leichtes Motorrad gekauft. Als es die Zeit zu-
ließ und sie die noch weiter entfernte Stellung in der
Stadt bekam, ein gebrauchtes Auto.«* **Ein Lebensweg**

Oben: **Maria Beigs zweiter VW Käfer,**
über dem Schussental, März 1955

Unten: **Dasselbe Auto,**
der Mantel ist Spanische Ziege, März 1955

Andrea Reidt
Auf seiten der Frauen

Glück? »Na ja«, Maria Beig zögert einen Moment. »Das Leben ist halt anders.« Ihr Mann, der Betriebsratsvorsitzende im Ruhestand Walter Beig, schaltet sich aus dem Hintergrund ein: »Glück ist eine Steigerung der Zufriedenheit. Es geht vor allem darum, das Leben zu meistern.« Maria Beig meint doch, es habe etwas mit Augenblickserlebnissen zu tun. »Auch Helene hatte ihre Glücksmomente.« Helene, das ist wie Mechthilde eine »Mindere«, ein Bauernmädchen, das in ihrem Leben immerhin drei gute Zeiten erlebte, obwohl sie es als »Hochzeitslose« nicht einfach hatte.

Helene, Mechthilde, Augusta, Babette, Klara, Martha, Elis, Zita, Dorle, Maränn, Fränze, Senz und Janna, Berta, Maria, Agatha, Agnes, Eleonore, Therese, Sabine – Maria Beig hält es mit den Frauen. Die Männer in ihren Romanen und Geschichten dürfen viel mehr bestimmen als ihre Mütter, Frauen, Schwestern und Geliebten. Sie dürfen kommandieren, heiraten, sich scheiden lassen, erben, allerdings auch in den Krieg ziehen und dort fallen. Deshalb weist ihnen die Autorin Nebenrollen zu. Ihre Heldinnen stehen bloß vor einer einzigen Lebenswahl: das Unvermeidliche hinzunehmen, als wäre es eine Gabe Gottes. »Einzige Möglichkeit – beste Lösung.« Diese fatalistische Lebensregel hämmert in Fränzes Kopf, während sie den bitteren Gang einer Unversorgten und Ungelernten ins Kloster antritt.

Hatte Maria Beig eine Wahl? Wollte sie auf ihre alten Tage noch berühmt werden? So war es nicht. Vielmehr geriet sie als unwürdige Greisin in Verruf. Nachdem sie ihren Ruhestand vorzeitig angetreten hatte, weil ihr in der Schule alles zuviel wurde, fühlte sie sich zutiefst unglücklich und begann, sich die Not von der Seele zu schreiben. Die so entstandene Familienchronik »Rabenkrächzen« wurde von der beschriebenen Familie als Nestbeschmutzung empfunden. Über diese schwere erste Zeit ihres künstlerischen Erfolges schweigt Maria Beig lieber.

Was steckt nun Besonderes in diesen herben Dorfgeschichten, Bauernberichten, Großmuttererzählungen, Romanreportagen, daß man sich festliest, so lange, bis man aufatmend auch das letzte Schicksal mitangesehen hat, das die jeweilige Heldin tapfer trägt wie eine allzuschwere Einkaufstasche, die dennoch bis in die Küche geschleppt werden muß? An Attributen mangelt es nicht, keines ist neu, keines falsch. Maria Beigs Erzählweise ist lakonisch, lapidar, unsentimental, knapp, unprätentiös, antiidyllisch, gleichmütig, weise, protokollarisch, testamentarisch. Maria Beig könnte eine geistige Schwester der katalanischen Autorin Mercè Rodoreda sein, ebenfalls eine literarische Zeugin des Jahrhunderts, die nüchtern mit den Augen einer Frau vom ganz normalen Gewicht der alltäglichen Welt berichtet, ohne in falscher Sozialromantik zu schwelgen, unversöhnlich und doch nicht bitter.

»Wenn alles gut und glatt verläuft, da weiß man nichts darüber zu schreiben.« Die Klage der Maria Beig tönt schrill und gleichmäßig, wie ein Totenglöcklein bimmelt, untragisch, fast scherzend. In den Geschichten passiert eine Katastrophe nach der nächsten, wobei die weniger schlimmen zum Tode führen. Oder ist das noch ein schönes Leben für Elis, wenn ihr bei der Heuernte vier Finger fast von der Hand gerissen werden, der Bräutigam von ihr läßt (»dort wollte man keine verkrüppelte Frau«) und sie in die Fremde ziehen muß, die ja oft kein Glück bringt? »Da mußte sie nun enge Treppenhäuser putzen und war doch weite Felder gewohnt.« Bei den Beerdigungen trifft man sich dann. Der Bauer darf die Hände in den Schoß legen und die verstädterten Verwandten beobachten. Alte Wunden werden aufgerissen und lang ersehnte Triumphe gefeiert. Danach wird der Besitz aufgeteilt, man geht endgültig leer aus, fährt nach Hause, lebt noch ein Weilchen und legt sich selbst zum Sterben.

Selbst diejenigen, die es geschafft haben, die Einsamkeit der Einödhöfe im Voralpenland mit der anonymen Ruhe einer pflegeleichten Stadtwohnung zu vertauschen, finden nicht das, was gemeinhin Seelenfrieden genannt wird. Wo sich früher zu viele kümmerten, wo Geschwister, Nachbarn, Pfarrer und andere neugierige

Mitmenschen ihre Nasen zu tief in jedermanns Angelegenheiten steckten, schaut jetzt niemand mehr hin. Die Verwandten sind weit weg und überhaupt beschäftigt. Mechthilde liegt sechs Wochen tot in ihrer Münchner Hochhauswohnung, neben ihr der Tisch mit der Wolle für die Weihnachtspullover.

Bettlektüre für Alpträumer? Nein, Maria Beig schreibt tröstliche Bücher, vielleicht gerade, weil sie selbst etwas depressiv, ängstlich und scheu ist und obwohl sie ein bißchen müde geworden ist, ihre Unbekümmertheit und stilistische Unschuld verloren hat. Woher nimmt sie die Kraft zum Schreiben, zur Befriedigung des gefräßigen Buchmarktes? Sie nennt die einfachen Qualitäten eines linear verlaufenden Lebens – ein braver Mann, eine nette Tochter, schöne Erinnerungen, schöne Bücher.

Ihre Leserinnen fühlen sich ertappt, beschrieben, verstanden, auch wenn sie gar nichts mit dem bäuerlichen Milieu zu tun haben. Sie können sich identifizieren, erleben aber kein Happy End. Sie werden nicht aus einer geschönten Idylle in ihren trüben Alltag zurückgeworfen. Sie bleiben beim Lesen im Leben hängen, und doch hören sie einen anderen, märchenhaften Ton klingen. Maria Beig schreibt keine Sozialreportagen. »Gerade zum Nikolaustag hatte es in der Nacht geschneit.« Glücksmomente in schrecklichen Zeiten. »Ein junger, fremder Mann ging bachaufwärts. Er hatte einen Sinn für Landschaften und dachte ...« Beschaulichkeit, wie in Johann Peter Hebels Kalendergeschichten.

Maria Beig hat der Heimatliteratur zu neuen Ehren verholfen. »Ein Heimatschriftsteller ist einer, der beschreibt, was in der Gegend geschieht«, sagt sie. Warum stößt aber das, was in Oberschwaben geschieht, auch andernorts auf Interesse? »Weil die dort sagen, na, bei uns ist es genauso!«

Oben: **Hochzeit am 31. Juli 1954**
Nächste Seite: **Familienfoto Hochzeit**
Das Foto wurde hinter Maria Beigs elterlichem
Hof aufgenommen

»Sie verheimlichte nichts vor ihm und den Seinen.
Er war einige Jahre jünger als sie und hatte einen
guten Beruf. Die Mutter mochte ihn wie die anderen
Schwiegersöhne.« ***Ein Lebensweg***

Peter Hamm
Schlag auf Schlag

Laudatio

Gerade vor einer Woche haben sie in einem Dorf zwischen Ravensburg und Tettnang einen jungen Mann beerdigt, einen meiner Mitarbeiter am Münchner Rundfunk. Todesursache: Aids. Josef W. war der einzige Sohn eines hiesigen Bauern, hatte deshalb auf höhere Schule und Universität zunächst verzichten und den Hof übernehmen müssen. Später, als er seine Eltern endlich davon überzeugt hatte, daß er für den Beruf des Bauern nicht tauge, erkämpfte er auf dem zweiten Bildungsweg doch noch Abitur und Studium, um dann endlich beim Rundfunk mit sensiblen Reportagen und Essays seiner Liebe zu Literatur und Literaten frönen zu können.

Erst vier Tage vor seinem Tode soll er es über sich gebracht haben, der Mutter zu erzählen, an welcher Krankheit er sterben werde.

Warum ich Ihnen das hier erzähle? Weil ich jedes Mal, wenn ich Josef W. traf, und erst recht, als ich jetzt von seinem frühen Tod erfuhr, an Maria Beig denken mußte. Weil ich ganz unwillkürlich ein Schicksal wie das des Josef W. dem Zuständigkeitsbereich von Maria Beig zuschlug. Mehr noch: weil ich diese ganze Gegend hier – eine Gegend, in der ich immerhin bis zu meinem 22. Lebensjahr mehr oder weniger daheim war – für mich schon lange nicht mehr anders als »Maria-Beig-Land« nenne, so wie analog Gerhard Köpf die Gegend, in der er und ich jetzt leben, also die Gegend um den Starnberger See herum, »Oskar-Maria-Grafschaft« genannt hat.

Was Oskar Maria Graf für diesen Teil Oberbayerns geleistet hat, das hat Maria Beig für den hiesigen Teil Oberschwabens geleistet. Bevor ich Maria Beigs Bücher kannte, wußte ich gewissermaßen gar nicht, wo ich war, wenn ich hier war. Wenn es je so etwas wie ein Pfingstwunder für mich gab, dann dieses, daß dank Maria Beigs Büchern diese Gegend zwischen Biberach und Bodensee plötzlich in tausend Zungen zu mir zu sprechen begann, in Bauernzungen. Es gab eine Zeit, da wollte ich von dieser schönen Gegend und erst recht von hiesigen Bauern überhaupt nichts wissen, und das war genau jene Zeit, in der ich so leicht Gelegenheit gehabt hätte, einiges über sie zu erfahren. Denn wenn in Wurzach, wo im Salvatorkolleg als Patres verkleidete Bauernsöhne meine Erziehung mehr behinderten als beförderten, endlich Ferien waren und ich zu den Großeltern nach Weingarten ins Forstamt fahren durfte, dann hieß es dort bald, es sei nun Zeit, wieder einmal den Vater zu besuchen, der nach seiner Entlassung aus der Kriegsgefangenschaft zunächst in Tettnang und später in der Nähe von Wangen seine Tierarzt-Praxis hatte.

Der Vater mußte mich aber, da er allein lebte, mitnehmen zu den Höfen, in die er gerufen wurde. Fast jedes Mal weigerte ich mich, diese Höfe mit ihm zu betreten, und blieb lieber in seinem alten VW draußen hocken. Insgeheim hatte ich Angst, Angst nicht nur vor Hofhunden, Kühen, Fliegen oder Güllengruben,

sondern vor allem vor den Bauern selbst, auch wenn mitleidige Bäuerinnen den Halbwüchsigen im VW öfter mit Vesperangeboten ins Haus zu locken versuchten. Die Gesichter der Bauern schienen mir so verschlossen und so fremd wie ihre Sprache, die ich kaum verstand und wohl auch nicht verstehen wollte.

Alles, was sich als »ursprünglich« bezeichnen ließ und womöglich noch als »ursprünglich« gerühmt wurde, war mir damals tief suspekt, so suspekt wie der Begriff »Heimat«, den die Nazis gerade noch so total diskreditiert hatten. Ich wollte überall sein, nur nicht in der Heimat. Und die Menschen, die mich interessierten und bewegten, stammten alle aus ganz anderen Weltgegenden – und vor allem stammten sie alle aus den Büchern, die ich verschlang, die meine Hauptnahrung waren. Aber hätte es damals schon die Bücher von Maria Beig gegeben, ich weiß nicht, ob sie dann wirklich mehr vermocht hätten als der Vater; ich hätte sie vermutlich erst gar nicht gelesen oder gerade nur einmal angelesen. Ich war für die bäuerlichen Bewohner des Maria-Beig-Landes einfach noch nicht reif.

Erst mußte ich ziemlich viel hinter mich bringen, darunter auch die hiesige Gegend, damit Maria Beig bei mir jenes Pfingstwunder bewirken konnte, für das ich mich heute bei ihr bedanken darf. Maria Beig hat geschafft, was der Vater nicht schaffte, sie hat mich endlich aus dem alten VW heraus und in die Höfe hineingeholt, die ich früher immer nur mißtrauisch von außen gemustert hatte. Maria Beig hat geschafft, was bisher auch kein Jeremias Gotthelf bei mir schaffte, sie hat Bauern in meiner Lesewelt, die ja meine eigentliche Lebenswelt ist, so selbstverständlich und fest beheimatet, wie dort bisher nur ein paar Bürger- und Kleinbürgersöhne beheimatet waren – als da sind der Eichendorffsche Taugenichts, der Kellersche Grüne Heinrich, der Idiot Dostojewskijs oder Robert Walsers Zögling Jakob von Gunten, der so wenig von Adel ist wie sein Verfasser.

Maria Beig hat geschafft, daß sich meine Angst vor den Bauern in eine Angst um die Bauern verwandelt hat. Durch Maria Beigs Bücher habe ich begriffen, daß es bäuerliches Unglück mit jeder anderen Art von sozusagen kulturell legitimiertem Bürger- oder Adels-Unglück aufnehmen kann – ja daß es sogar in dem Maße vielleicht noch schwerer wiegt, in dem es alltäglicher ist. Gerade weil individuelles Unglück bei den Bauern weit weniger zählt als bei dem auf die Ausbildung alles Individuellen so stolzen Bürgertum, wirkt bäuerliches Unglück noch herzzerreißender. Nichts hat mir Bauern so nahegebracht und nichts hat mir Maria Beig so nahegebracht als die Art und Weise, in der diese Autorin sich zum Resonanzboden für dieses bäuerliche Unglück gemacht hat.

Ich kann mir lebhaft vorstellen, wie Martin Walser, dieser unermüdliche Anwalt alles Hiesigen, vor Staunen die Augen übergingen, als er zum ersten Mal ein zwar handschriftliches, aber in großen Druckbuchstaben geschriebenes Manuskript von Maria Beig in die Hände bekam (übrigens durch die Vermittlung einer anderen literarischen Schutzpatronin dieser Gegend, durch Katharina Adler). Die großen Druckbuchstaben, signalisierten sie nicht schon die Absage an einen Personalstil, waren sie nicht schon Ausdruck dessen, was Martin Walser dann Maria Beigs »Chronikstil« nennen sollte? Wie sehr ihn dieser in Bann schlug, erfährt man in Martin Walsers geradezu ergriffenem Nachwort zu »Rabenkrächzen«, dem ersten Buch von Maria Beig. [...]

Wenn etwas die Literatur dieses Jahrhunderts und gerade die als bedeutend deklarierte kennzeichnet, dann ist das doch ihr immer mehr Zerfließendes, ihr Ausuferndes, ihr Haltloses, ich möchte sogar sagen, ihr Gegenstandsloses, ihr Abstraktes. Analog zu Begriffen wie gegenständliche und ungegenständliche oder abstrakte Malerei könnte man durchaus auch von gegenständlicher oder ungegenständlicher Literatur sprechen, wobei das Gegenständliche in der Literatur dieses Jahrhunderts kaum mehr Chancen hatte als in der Malerei, was freilich weit weniger ins Auge fällt, da eben jedes einzelne Wort immer noch Gegenständliches suggeriert. Daß die Literatur, zumal der moderne Roman, immer abstrakter wurde, das hat natürlich auch damit zu tun, daß sie fast ausschließlich in der Stadt angesiedelt ist, wo – laut Robert Musil – »das berüchtigte Abstraktwerden des Lebens« beginnt.

Maria Beigs Bücher führen zwar auch gelegentlich in die Stadt, und wie beklemmend erkennt man gerade dann die Richtigkeit von Musils Wort – ich denke nur an ihren Roman »Minder. Oder zwei Schwestern« und die dort enthaltene Beschreibung der Münchner Hochhauswelt mit ihrer Anonymität, in der die in ihrer Heimat und auch sonst nirgends mehr willkommene Bauerntochter Mechthilde schließlich verlorengeht, und dieses Verlorengehen, dieses Sterben von den Nachbarn wochenlang noch nicht einmal bemerkt wird! Doch zumeist registriert Maria Beig bäuerliches Unglück innerhalb der ländlichen Grenzen, – und da gibt es für sie weder ausschmückendes Ornament noch Abstraktion, sondern jeweils nur das nackt Gegenständliche, das Konkrete, das sie so lakonisch wie stoisch erinnert und aufsagt. Jeder Satz ein Faktum, jeder Satz ein Schlag.

Schlag auf Schlag, so habe ich diese Rede auf Maria Beig denn auch überschrieben. Maria Beig hat offenbar überhaupt keine oder aber unermeßlich große Distanz zu ihren Personen – und das hat zur Folge, daß sie diese nur durch sich selbst sprechen läßt, genauer: daß sie diese nur durch ihre Handlungen sprechen läßt –, ohne diese Handlungen zu kommentieren. Es war Walter Benjamin, der in den zwanziger Jahren in seinem Essay »Der Erzähler« über die Unterschiede zwischen dem Erzähler und dem Romancier nachdachte und dabei zu dem Schluß kam, daß der Erzähler, der sich vorzugsweise im seßhaften Ackerbauern oder aber im handeltreibenden Seemann verkörpere, nur das erzähle, was er aus der Erfahrung – der eigenen oder der berichteten – wisse, während die Geburtskammer des Romans das Individuum in seiner Einsamkeit sei, das sich sozusagen nur noch subjektiv äußern könne. Auch Walter Benjamin sah den Erzähler vor allem als Chronisten, den er wiederum vom Historiker abgrenzte: Der nämlich sei gehalten, die erzählten Vorfälle auf die eine oder andere Art zu erklären, der erzählende Chronist aber erkläre niemals etwas, sondern begnüge sich damit, die erzählten Vorfälle als »Musterstücke des Weltlaufs herzuzeigen«.

Maria Beig erfüllt alle von Benjamin aufgestellten Erzählerkriterien: Diese Autorin erklärt nichts, sie gestattet sich keine Urteile, sie moralisiert nicht und psychologisiert nicht, sie dämonisiert auch nicht und erst recht verklärt sie nicht, sie glaubt nicht und sie meint nicht, sondern sie weiß und erinnert und erzählt nur das Gewußte. Die eigentliche Muse des Erzählers, so Walter Benjamin, sei die Erinnerung. Aber, die Frage erhebt sich, woher weiß Maria Beig alles das, was sie erzählt? Das eigentliche Wunder ihrer Bücher ist zunächst doch die schier unfaßbare Fülle des Erinnerten, die sie auf knappstem Raum vor uns ausbreitet. Woher weiß diese Frau das alles, diese Frage drängt sich jedem Maria-Beig-Leser sozusagen pausenlos auf. Wenn er dann noch erfährt, daß Maria Beig offenbar kein Tagebuch geführt hat, bevor sie als Siebenundfünfzigjährige zu schreiben begann, also keine Vorarbeiten geleistet hat, jedenfalls keine schriftlichen, dann bleibt ihm nur noch das Sichwundern über dieses Wunder.

Freilich muß das ganze Leben dieser Maria Beig stets schon kontinuierliche Vorarbeit auf ihr endliches Schreiben gewesen sein, das ahnen wir jetzt, seit wir diese Bücher haben und damit die Erinnerung an so unendlich viel, was wir nicht nur vergessen, sondern ohne Maria Beig tatsächlich sogar nie besessen oder gewußt hätten. »Stell dir vor, Maria Beig gäb' es nicht, oder sie hätte nicht geschrieben! Dann wäre das alles sang- und klanglos untergegangen.« In diesen dankbaren Stoßseufzer Martin Walsers kann vielleicht nur derjenige voll einstimmen, dessen Erinnerung so eingeengt ist, wie das etwa bei mir der Fall ist, eingeengt auf gerade vier oder fünf Personen um die eigene Person herum – und auch diese vier, fünf Personen arg undeutlich: von der Mutter, gar ihrer Herkunft, ein paar Gerüchte, vom Vater ein paar Anekdoten aus seiner Kinderzeit, Verwandte so gut wie keine. Wie undeutlich man sich doch selbst wird, so auf sich selbst reduziert! Und wie unerlaubt wichtig man sich gleichzeitig selbst nehmen muß, wenn so wenig andere da sind, die man wichtig nehmen könnte.

Natürlich hat sich auch Maria Beig wichtig genommen. Jeder Akt des Schreibens, des Erinnerns, ist auch ein Akt des Sich-selbst-wichtig-Nehmens. Aber indem Maria Beig sich wichtig nahm, nahm sie gleichzeitig die Vielen wichtig, die im Monumentalgebäude ihrer Erinnerung ein festes Zuhause fanden und die ohne diese Erinnerung mit ihrem Unglück spurlos untergegangen wären. Jetzt aber haben sie einen festen Platz unter uns, jetzt haben sie und ihr Unglück sich in reines Leserglück verwandelt. Dieses Leserglück resultiert auch aus der Genugtuung darüber, daß so viel Unglück nicht ganz und gar umsonst gewesen sein kann, wenn ihm jemand wie Maria Beig mit ihren Büchern Denkmäler errichtet hat, die jetzt keiner mehr umstoßen kann.

Ich glaube übrigens, daß nur eine Frau, genauer: eine Bauerntochter in die bedeutende Rolle hineinwachsen konnte, die Maria Beig jetzt für mich und so viele Leser spielt – selbst im hintersten Berlin-Kreuzberg kursieren in den WGs Maria-Beig-Bücher! Erst mußte man wohl einmal selbst so wenig gegolten haben, wie Mädchen auf den Höfen hier bis vor kurzem noch galten, um eine Sensibilität in sich auszubilden, die nicht nur der eigenen Person zugute kam, sondern auch all den andern als »minder« Erachteten, eine Sensibilität, die bei Maria Beig zur Solidarität wurde mit den auf jede denkbare Weise geschundenen Frauen, den deshalb hart, böse oder verrückt gewordenen Frauen, den

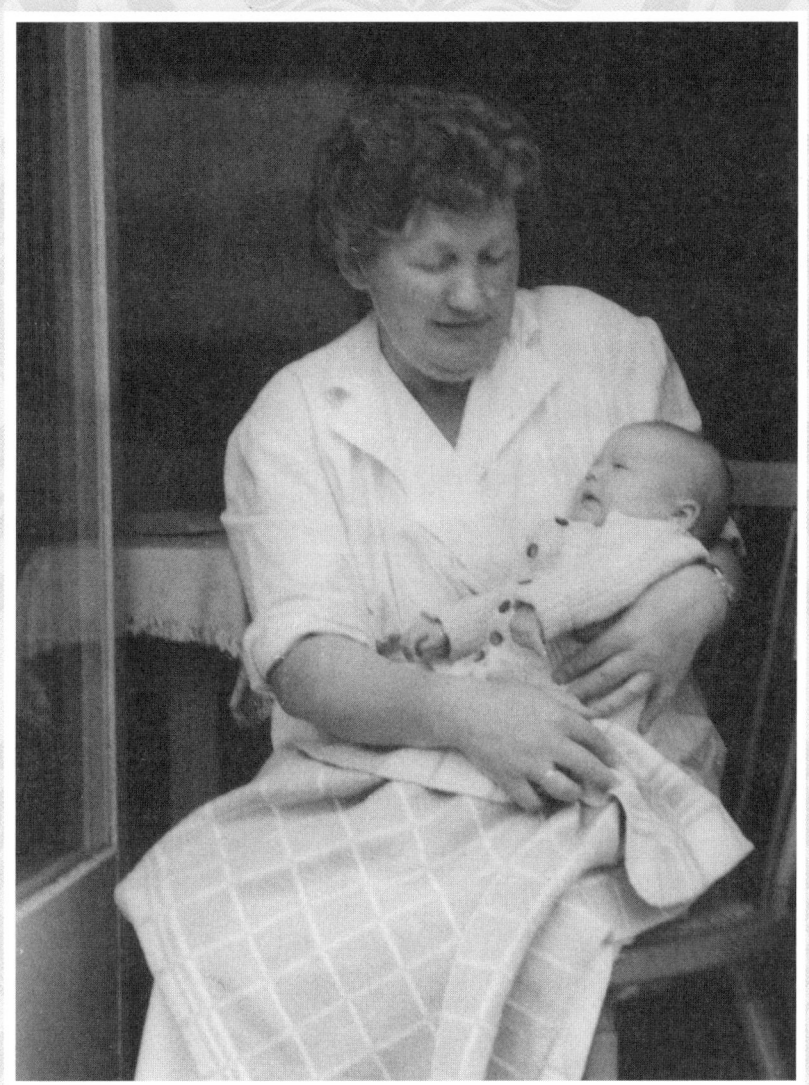

Maria Beig mit Tochter Uta, 1958

Angeln am Illmensee mit Tochter und Neffen, 1961

von Männern betrogenen oder um die Männer betrogenen ledigen Frauen, die Maria Beig so großartig »Hochzeitslose« nennt (und denen sie ein ganzes Buch gewidmet hat), Solidarität auch mit den überflüssig gewordenen Alten und den ungeliebten Kindern, den vielen Sterbenden und den vielen Selbstmördern, mit den Bettlern und Knechten und den zugeteilten Zwangsarbeitern, etwa jenem jungen Polen, der in Maria Beigs erstem Roman »Rabenkrächzen« von der Bauerntochter Sophie geliebt – und deshalb gehängt wird, während Sophie zwar mit dem Leben davonkommt, aber öffentlich geschoren wird und von jedem im Dorf angespuckt werden darf; der sie bei seinen Nazi-Gesinnungsgenossen denunzierte, wird von seinem empörten Bruder halb totgeschlagen und dann zum Frontdienst gezwungen, wo er ebenso fällt wie sein Bruder – und noch vier Brüder dazu ...

Sie sehen, unwillkürlich komme ich ins Erzählen, ins Nacherzählen, ein ganzes dickes Heft habe ich mit Hinweisen auf solche Maria-Beig-Szenen gefüllt, die ich Ihnen hier unbedingt nacherzählen und in Erinnerung rufen wollte, und habe dann doch einsehen müssen, daß man Maria Beigs Geschichten nicht wirklich nacherzählen kann, weil jede Nacherzählung sofort so vergröbernd wirkt und weil die Nacherzählungen bezeichnenderweise mehr Wörter benötigen, als Maria Beigs ursprünglich Erzähltes selbst, das mit wenigen Worten

Glück und Unglück von ganzen Generationen festzuhalten vermag, kurz: weil man selbst nie so lapidar sein kann wie sie und noch weniger so gleichmütig wie sie; ins Nacherzählen fließt unwillkürlich die Empörung mit ein über das von Maria Beig Mitgeteilte, ins Nacherzählen fließt unwillkürlich die Rührung mit ein. Maria Beigs Erzähltes aber wirkt in dem Maße stärker und schockartiger, in dem diese Erzählerin sich kühn der Empörung wie der Rührung enthält und nur mitteilt, indem sie nach Bertolt Brechts Motto »Gib allem, was du fühlst, die kleinste Größe!« verfährt.

Rührt solche Kühnheit vor allem aus bäuerlicher Sprachscham? Oder aus bäuerlichem Materialismus, für den nur Wert oder Unwert einer Sache entscheidet und Idealismus allenfalls etwas für den Herrn Pfarrer ist oder für die Töchter, die ins Kloster müssen? Daß alles seinen Preis hat, jeder Acker, jedes Stück Vieh und auch jeder Mensch, das scheint ja das Grundgesetz dieser bäuerlichen Welt, in die uns Maria Beig hineinblicken läßt. Und entsprechend herrscht in dieser Welt ein ständiges Taxieren, das die Hauptquelle allen Unglücks ist, die Quelle von Neid, Mißgunst, Habgier, Geiz, Stolz und dem, was Maria Beig »Stabbrechen« nennt, also das Heruntersetzen des anderen. Geld gilt schließlich als Substanz des Lebens, wird als Beglaubigung für richtiges Leben aufgefaßt – und wehe dem, der sich damit nicht abfinden kann und das tautologische bäuerliche Leitmotiv »Es ist eben wie es ist« nicht mit anstimmt, sondern zu sagen wagt: es soll aber anders sein! Der wird, wenn er nicht sehr stark ist, verstoßen oder wird verrückt oder geht sonstwie verloren.

Wie viele solcher Verlorenen und Verstoßenen bevölkern doch die Bücher Maria Beigs! Und viele von ihnen sind einfach nur deshalb Verlorene, weil sie auf den Höfen zu Hause Überzählige und also Überflüssige sind. Ich denke zuerst und vor allem an den jungen Großbauernsohn Lorenz aus dem Roman »Kuckucksruf«, den das Gefühl seiner Überflüssigkeit in die Wirtshäuser treibt und zum Alkoholiker macht; Susi, die Kellnerin, die ihm schöntut, wendet sich von ihm ab, als sie merkt, daß er weder den väterlichen Hof bekommen wird noch ein Vermögen, und von diesem Hof schließen ihn seine eigenen Geschwister trotz Eiseskälte aus, als er an seinem 23. Geburtstag betrunken dort auftaucht; im Stall wärmt er sich an seiner Lieblingskuh, bevor er draußen über einen steinhart gefrorenen Mistbrocken stolpert und so unglücklich mit der Schläfe aufschlägt, daß er bewußtlos wird und schließlich erfriert. – Oder ich denke an die nicht nur von Vätern und Brüdern, sondern sogar von den eigenen Müttern mißachteten und abgeschobenen Töchter – »sogar Mütter gönnten nur Söhnen sowie dem Sach Wohlergehen«, heißt es einmal im Roman »Hochzeitslose« –, Abgeschobene wie die Helene (aus eben diesem Roman), die erst als Kindsmagd und Arbeitssklavin von ihren Brüdern mißbraucht und dann in eine Knechtkammer über der Schnapsbrennerei verbannt wird, zu der nur eine sehr steile und dazuhin defekte Holztreppe hochführt: Dreimal bricht sich Helene dort die Knochen, beim dritten Mal wird die Gestürzte nicht entdeckt und erfriert – wie der junge Lorenz. Keiner weint ihr nach.

Was mich angesichts so vieler grausamer Begebnisse immer wieder verwundert und überrascht hat, war die Entdeckung, wie wenig offenbar die Religion, die hierzulande doch so unangefochten scheint, derartige Grausamkeiten zu verhindern oder auch nur zu lindern vermochte. Oft hat man den Eindruck, daß die verschiedenen Formen der Frömmigkeit nur zu dem einen einzigen Zweck antrainiert wurden, um Ja sagen zu können zum allgegenwärtigen Unrecht und Unglück. Wenn etwa die Fränze aus dem Roman »Rabenkrächzen«, weil sie einen anderen Bräutigam nicht mehr bekommt, »Braut Christi« wird und ins Kloster geht, dann denkt sie sich: »Einzige Möglichkeit – beste Lösung!« Diese Formel, die im »Rabenkrächzen« gleich mehrmals vorkommt, scheint in dieser bäuerlichen Welt die Zauberformel, die Lebensmaxime schlechthin: wenn man schon keine Wahl hat, so soll es doch die beste gewesen sein.

Erstaunlich bleibt für mich auch, wie viel Heidnisches oder Abergläubisches sich hinter der katholischen Frömmigkeitsfassade dieser Bauern noch gehalten hat; ich denke nur an die

Großmutter Ottilie aus dem Roman »Kuckucks-ruf«, der es ganz natürlich erscheint, daß ihre Schwiegertochter nach der Geburt des Kindes Beth stirbt, hat sie doch die Schwangere einmal in einem großen Brand erblickt, und der es ebenso natürlich erscheint, daß die kleine Beth mit einem züngelnden roten Mal auf dem Rük-ken geboren wird.

Religion, so scheint es, ist vorzugsweise nötig als Rituallieferant: Taufe, Kommunion, Hochzeit und Beerdigung und die damit verbundenen Riten dienen einer Kommunikation, die sonst allenfalls im Wirtshaus – und dort nur unter Männern und Gleichgestellten – stattfindet, während in der Kirche und bei Beerdigungen alle zugelassen sind. Der Friedhof scheint überhaupt der wichtigste soziale Raum, entsprechend viele Beerdigungen gibt es in den Büchern von Maria Beig; schon ihr erstes, »Rabenkrächzen«, beginnt ja mit einer Beerdigung, von der her die ganze Handlung aufgerollt wird. Im übrigen gibt es sehr verschiedene Formen der Beerdigung: »schöne Beerdigungen« und häßliche, heitere sogar – und dann die Beerdigungen ohne Tote, wenn nämlich die Söhne als Kanonenfutter des Vaterlands fern der Heimat gefallen sind. Zum Unglück, das in den Höfen selbst gedieh, gab es ja noch das Unglück, das zwei Weltkriege über diese Menschen gebracht haben.

Geweint wird bei den bäuerlichen Beerdigungen ziemlich wenig; schon bei der Be-erdigung der Mutter jener sieben Schwestern und sieben Brüder, mit der der Roman »Rabenkrächzen« beginnt, weint auffallenderweise nur ein Enkelkind aus der Stadt laut. Ohne Tränen, das heißt gewiß nicht: ohne große Emotionen. Doch von diesen erfahren wir bei Maria Beig eben immer nur soviel, wie sich gewissermaßen als ihr materielles Fazit festhalten läßt. Wo eine andere Autorin als Maria Beig vermutlich geschrieben hätte: In der Stunde, in der ihr in Rußland gefallener Sohn Josef beerdigt wurde, brach der Mutter das Herz, da teilt Maria Beig nur dies mit: »In dieser Stunde brach die Mutter mit dem Dritten Reich.« Wenn man zuvor erfahren hat, daß diese Mutter sich bisher durch nichts beirren ließ in ihrer Hingabe an dieses Dritte Reich, dann gewinnt dieses lapidare Fazit weit mehr die Dimension des wahrhaft Tragischen, als es jede Gefühlsschilderung vermocht hätte.

Ich habe seinerzeit, als Maria Beig als sechzigjährige Debütantin auf den Plan trat, ihr erstes Buch im »Spiegel« besprochen und dabei seine Autorin als »Heimatschriftstellerin« ausgerufen. Doch obwohl ich diesen Begriff ausdrücklich in Anführungszeichen und damit in Gegensatz setzte zu dem, was üblicherweise so zu ihm assoziiert wird, blieb dann bei vielen doch nur die Heimatschriftstellerin ohne Anführungszeichen hängen. Weswegen ich hier die Gelegenheit ergreife, um Maria Beig mit allem Nachdruck in Schutz zu nehmen vor jener

Art anbiedernder und volkstümelnder Scheuklappenliteratur, die alle diese Verstoßenen, Verlorenen und Unglücklichen, die Maria Beigs Bücher bevölkern, nicht kennt noch kennen will, sondern statt dessen den eigenen Stamm und die Scholle preist und die bäuerliche Welt zur »heilen Welt« oder zum »einfachen Leben« umfälscht. Das Volk ist nicht tümlich, hat Bertolt Brecht gesagt, und genau das unterscheidet Maria Beig von jeder verlogenen Heimatliteratur: weder ist das Volk bei ihr tümlich, noch ist sie tümlich. Ernst Wiechert, der Autor des Romans »Das einfache Leben«, meinte einmal, daß »die Erde alle Wunden heile«; aber auch wenn er, der im Dritten Reich persönlich Tapfere, das sicher nicht zynisch meinte, so hat es doch den Beigeschmack von Zynismus und ist jedenfalls tief unwahr. Die Erde heilt gar nichts. Und zudem ist sie bei Maria Beig ebenso vom Verschwinden bedroht wie jene vom Verschwinden bedroht sind, die diese Erde einmal bepflanzten und hegten und von ihr ernährt wurden. Die Anziehungskraft, die diese Erde noch ausübt, kann denn auch alles andere als erfreulich sein, so etwa für die in die Hochhauswüste der Großstadt verschlagene Bauerntochter Mechthilde, von der es in Maria Beigs Roman »Minder« heißt: »›Jetzt hast du es wie im Himmel‹, hatte Sonja nach dem Umzug gesagt. Mechthilde war nun dem Himmel näher, im achten Stockwerk. Wenn sie aus dem Wohnzimmerfenster schaute, sah sie nur ihn. Ging sie aber auf den Balkon, dann konnte sie auch die Erde sehen. Es war aber eine häßliche Erde, die sich ihrem Blick bot: Häuser, Häuser – Fenster, Fenster. Nirgends auch nur ein Mensch in dieser Wüste! ... Wenn sie sich auf dem Balkon niedersetzte, sah sie wieder nur Himmel und Betongeländer. An dem Geländer mußte sie sich oft festklammern, denn die Erde lockte. An manchen Tagen war das Gefühl, sie werde angesaugt und nach unten gezogen, übermächtig. Dann floh sie in die Wohnung zurück, aber auch dort drohte ihr die Tiefe. Selbst im Bett spürte sie es. Bisher hatte Mathilde immer nah der Erde gelebt. Im Winter mied sie den Balkon fast ganz.«

Ich habe jetzt in den letzten Wochen alle Bücher von Maria Beig wieder gelesen, – und wenn Sie mich fragen würden, welches von ihnen mich am meisten bewegt habe, so könnte ich nur die Antwort geben: jeweils das, das ich gerade las. Das könnte ich so von den Büchern der Anna Seghers oder der Marieluise Fleißer, so sehr ich diese Autorinnen bewundere, nicht sagen – und das hat wiederum damit zu tun, daß diese Schriftstellerinnen viel mehr auf den literarischen Einfall und die adäquate ästhetische Form angewiesen waren als die Chronistin, die »Sagerin« Maria Beig, der sozusagen nichts mißlingen kann, weil es ihr gar nicht in erster Linie um künstlerisches Gelingen geht, sondern um ein Gerechtwerden. »Sie stammt überhaupt nicht aus der Literatur«, hat Martin

Walser gesagt. Woher stammt sie? Eben aus dem Maria-Beig-Land, das in ihr eine Gerechte gefunden hat. Dem Land Gerechtigkeit widerfahren zu lassen, das heißt, eine Spur von ihm zu hinterlassen. Weil Maria Beig weit mehr als eine Spur hinterlassen hat, vertraue ich ihr unwillkürlich ein Leben und Sterben wie das des Josef W. an – zur Aufbewahrung. Nichts, denke ich, ist verloren, solange wir jemanden wie Maria Beig haben.

Eine Stadt – lassen Sie mich das noch sagen zuletzt –, eine Stadt ehrt auch sich selbst, indem sie eine Maria Beig ehrt. Der Reichtum, den Maria Beig diesem Gemeinwesen und seiner Umgebung zugeführt hat, ist schon deshalb um etliches wertvoller als jeder andere, weil er nicht mehr versiegen kann. Es liegt jetzt an jedem Einzelnen, sich an diesem Maria-Beig-Schatz gehörig zu bereichern.

Maria Beigs Mutter ca. 1955   **und 1960**

»Die Sonntagsgewänder, die Mode konnte sein, wie sie wollte, trug sie lang, etwa zwei Handbreit über dem Schuh. Ihre Werktagsröcke durften Flecken haben und waren praktischerweise kürzer. Weil die Mutter sich dauernd bückte, sahen sie vorne länger aus als hinten.« **Ein Lebensweg**

Zwischen zwei Basen, Mariebäs links und Annabäs rechts, 1967

Helen Meier
Brief

Liebe verehrte Maria Beig,

in welchem Jahr ich Ihr »Rabenkrächzen« entdeckt habe? Es muß nach 1984 gewesen sein, an einem Literatentreffen irgendwo im Süddeutschen. Wir saßen in einem Bierzelt, Sie lasen, und ich hörte Ihnen zu. Seitdem gab es Zeiten, in denen ich Ihnen immer wieder zuhörte, und wie gern! Verschiedene Male verschenkte ich Ihre Bücher vom Bücherregal weg, und immer wieder, wenn ich bemerke, daß ich mariabeiglos bin, rufe ich bei meiner Buchhändlerin an. Wenn ich nach einer Lesung gefragt wurde, Sie kennen dieses Fragen, welches sind denn Ihre Autorinnen?, so waren Sie, Maria Beig, unter den Namen. »Rabenkrächzen«, »Hochzeitslose«, »Hermine. Ein Tierleben«, sie gehören zu den Büchern, die mich, ungewolltgewollt, bewußtunbewußt beeinflußt haben. Von Ihnen habe ich gelernt, daß die Tränen über das Gesicht des Lesers und nicht der Schreiberin rinnen müssen, die weibliche Form neben der männlichen steht, daß die Tragik holzschnittartig grausamfein dargestellt werden muß, damit das Bild unseres Daseins aufleuchte, der Jubel nicht fehle. Ihre Bücher, Maria Beig, sind unter denen, die Zeitgeschichte unverlierbar aufbewahren, in der Geschichte des Einzelnen die Geschichte der Zeit.

In Hamburg, wahrlich weit vom Bodensee-
raum entfernt, habe ich einmal einem jungen
Germanisten Ihr »Rabenkrächzen« empfohlen,
er berichtete mir nachher, er habe die ganze
Nacht mit dem Lesen nicht mehr aufhören können. Da schreiben Sie Geschichten von abgele-
genen Bauersleuten, von Familien vor, im und
nach dem Krieg, und ein viel später Geborener,
ein Städter, einer, der sozusagen keine Ahnung
hat, hat plötzlich mehr als Ahnungen: Bilder,
Empfindungen, Erschütterungen. Gemütsbe-
wegungen werden ja, das wissen wir beide, nicht
nur durch Leben und Gelebthaben verursacht,
sie werden, das ist ein Wunder, uns auch durch
Literatur gegeben. Ist das nicht schön und gut?
Was Sie, Maria Beig, in Ihren Büchern mir ge-
zeigt, was sie jungen Leuten bedeuten können,
was durch sie in der Literatur und damit in den
Menschen bleiben wird, für das möchte ich
Ihnen danken.

In herzlicher Verbundenheit
Helen Meier

Mit den Enkeln in der Haustür der Olgastraße in Friedrichshafen, 1990

Am 75. Geburtstag mit den Enkeln in der Olgastraße in Friedrichshafen, Oktober 1995

Links: **Das 40. MTU-Dienstjubiläum ihres Ehemannes am 1. April 1980**

Peter Renz
Geschichten aus tausend und einem Tag

Die natürlichste und zugleich verbindendste Form, in der auch hierzulande Sprache gebraucht wird, ist das Erzählen. So selbstverständlich diese Mitteilungsart auch sein mag; bevor sie sich niedergeschrieben in einem Buch wiederfindet, geht ihr für gewöhnlich das, was sie einmal bewegt hat, der Wunsch nach Authentizität, gründlich verloren.

Nicht so bei Maria Beig. Als sie Anfang der achtziger Jahre zum ersten Mal ihre Geschichten im Literarischen Forum vortrug, herrschte da eine Atmosphäre, die manchen von fern an die eigene Kindheit erinnert haben mag. Hier erzählte eine Frau, die nichts anderes auf dem Herzen zu haben schien, als mitzuteilen, »wie es gewesen ist«. Inzwischen hat diese Schriftstellerin fast ein Dutzend schmale, aber von Geschichten übervolle Bändchen vorgelegt. Und mit jedem dieser Bändchen ist sich diese oberschwäbische Landschaft wieder eine Spur vertrauter geworden.

Als Maria Beig ihren Beruf als Lehrerin krankheitshalber aufgeben muß, setzt sie sich hin und schreibt, mit Bleistift in Druckbuchstaben, ihre Geschichten auf. Nachdenken muß sie scheinbar kaum dabei. Es fließt wie von selbst. Fast möchte man glauben, das Leben bewahre bei ihr den Stoff der Erinnerung in einer Form, die sich ganz natürlich zum Erzählen eignet. Womöglich hat das Erinnern ja seinen Sinn nur als Magd der Erzählung. Bei Maria Beig jedenfalls arbeiten die beiden Hand in Hand.

Dieser Autorin käme es gar nicht in den Sinn, Geschichten zu erfinden. Wenn sie Wörter auswählt, dann offenbar nur, um es noch einfacher zu sagen. Möglichst so einfach wie das Leben selber. Weil sie so viel zu sagen hat, kann sie auch leicht darauf verzichten, auszuschmücken oder zu verdichten, zu ironisieren oder gar kritisch Stellung zu beziehen. Allein indem sie – ganz ohne Kunstanstrengung – entlang ihrer eigenen Lebensgeschichte und der ihr bekannter Personen erzählt, bringt sie eine ganz natürliche Einfachheit und Stimmigkeit zuwege.

Maria Beig hat wohl selbst so sehr am Schicksal ihrer Figuren-Vorbilder teil, ist so sehr selbst betroffen von dem Leben, über das sie berichtet, daß ihr gar keine Zeit bleibt, sich als mehrwissende Autorin kommentierend über sie hinwegzusetzen. Sie ist Zeugin eines Geschehens, das sie zumindest zum Teil am eigenen Leib erfahren hat, und sie läßt an keiner Stelle spüren, wie ihr selbst dabei zumute war. Das verleiht ihren Geschichten diesen lakonischen Ton einer Chronik, dem man ganz unabgelenkt zuhören kann. Und weil man nirgends durch einen moralisierenden oder klagenden Autor gegängelt wird, läßt man die furchtbarsten Schicksale an einem vorüberziehen mit einem Gleichmut, wie ihn sonst nur die Geschichte selbst ihrem handelnden und leidenden Personal gegenüber aufbringt. Da wird geliebt und gestorben, gelogen und gelitten, aber all die verfluchten und beneideten Gestalten und ihre Erlebnisse sind eingetaucht in ein stoisch ruhiges Gleichmaß der Empfindung.

Wer so erzählt, dem liegt daran, allein das Leben als geschichtliche Erfahrung aufzubewahren: »so, wie es war«. Dieser schlichte Anspruch macht die Erzählung glaubhafter als das genaueste Dokument. Man hat deshalb auch zu akzeptieren, daß die meisten dieser Geschichten wenig idyllisch sind. Genaugenommen sind sie eher schlimm. Weil sie aber so unaufgeregt erzählt werden und kein noch so schrecklicher Verlauf sich anmaßend wichtig nimmt, hinterlassen sie letztlich eine Gestimmtheit, die man sich gar nicht mehr zugetraut hätte: Humor.

Maria Beig ist viel zu bescheiden, sich umstandslos loben zu lassen. Dabei hat sie dieser Region bald ein Jahrhundert Erinnerung in Sprache bewahrt. Und wer, wie sie, zum erzählenden Gedächtnis von bäuerlichem Alltag, Menschen und Geschichte geworden ist, darf sich nicht wundern, wenn diese Landschaft sich diesmal wenigstens bedanken will.

Ministerpräsident Lothar Späth überreicht Maria Beig die Verdienstmedaille des Landes Baden-Württemberg, 1990

»Ich bekam den beachtlichen Preis. Je mehr Anerkennung, desto stiller sind die Verteufler geworden.« **Ein Lebensweg**

Arnold Stadler
Von hinter dem Gehrenberg

Die eifersüchtigen Bayern, die von sich glauben, für die Abteilung »Heimat« zuständig zu sein, konnten nicht ertragen, daß es auch anderswo »Heimat« gab, und wie! Daß von ihr berichtet wurde, auf unerhörte Weise, ohne Gebirge oder Gebirgsattrappen auskommend, nicht aber ohne den Schatten und die Abgründe. Gewiß, Berge gibt es auch bei uns, wir sehen bis zu den Alpen und ihrem, unserem Säntis. Von ihrer Anhöhe aus hat Maria Beig all dies und mehr gesehen. Die bayerische Antwort auf Maria Beig war keine Antwort, sondern eher ein Verkaufserfolg mit dem schönnamigen Titel »Herbstmilch«. Das hat freilich mit der Welt Maria Beigs, die eine literarische ist, nicht so viel zu tun.

Ins Herz zurück! Maria Beigs Buch »Rabenkrächzen« war das erste Buch, das ich von Maria Beig gelesen habe. Schon vorher las ich über Maria Beig, wenn ich mich nicht täusche, Martin Walsers »Erste Notiz über Maria Beig« und Peter Hamms ebenfalls wunderbares Portrait. Das Buch »Rabenkrächzen« selbst bekam ich von meinem Freund Jörg aus Titisee zum 29. Geburtstag geschenkt: »Hab viel Spaß mit dem Buch aus der Heimat!« schrieb er hinein. Ob Spaß, weiß ich nicht. Aber »viel« war schon gut gewählt. »Viel« war es, was ich durch dieses Buch bekommen habe. Maria Beigs »Rabenkrächzen« war auch das erste Buch überhaupt, über das ich geschrieben habe, für einen Radiosender. Ein Testfall für weitere Mitarbeit, hatte ich mir selbst ausgesucht. Seither habe ich immer wieder über Bücher geschrieben, keine Kritiken. Ich schrieb nur über das, was mir gefallen, was mich bewegt oder gar weitergebracht hat. Dazu gehörte Maria Beig ganz gewiß. In meine Vorstellung von »Rabenkrächzen« schmuggelte ich manchen Gedanken von Walser und Hamm hinein, von ihrem hymnischen Lob zehrte ich auch, was Maria Beig angeht.

Eigentlich wollte ich nun als Gruß jenen ersten Versuch des Lesers als Schreiber beilegen, kann ihn aber nicht finden. Liegt in einem meiner Umzugskartons. Vor einiger Zeit habe ich ja begonnen, umzuziehen, oder wieder zurückzuziehen aufs Land, von dem ich gekommen bin, und habe mich noch nicht ganz eingelebt. Von Maria Beig aus gesehen, wohne ich nun wieder »hinter dem Gehrenberg«, von wo aus ich grüße.

Die Widmung war genau: »mit dem Buch aus der Heimat«. Nicht: »Deiner«. Aber aus der Heimat, das heißt, aus dem Inneren von etwas heraus, über das wir nicht verfügen, von dem wir nicht ohne weiteres »mein« sagen können, da ist es her, was von Maria Beig kommt. Von weit her, geht es ganz nah.

Maria Beigs Bücher waren und sind auch für mich ein Anstoß, wie für alle Leser, die nie geschrieben haben und nun aufgehoben sind, gut aufgehoben. Ein Anstoß, ein Schmerz, eine Freude. Aber nur für jene ein Ärgernis, die nicht lesen können, das zu verschmerzen ist.

Ich danke für den Anstoß und die Bewegung, den Schmerz und die Freude, für diese Einfachheit und ihre Klarheit, für diese Welt und ihre Wahrheit.

Oberbürgermeister Wiedmann überreicht Maria Beig die Ehrenmedaille der Stadt Friedrichshafen, 1992

Tina Stroheker
Zu zweit

*Für Maria Beig,
bei der ich vom Pferd Max las.*

Ich bin lang unterwegs,
doch ritt es sich leicht,
keine Nachricht liegt
unter dem Sattel.

Mein Tier ist mir gut,
es trägt mich, schaut aus,
ich weiß nicht, was sieht so ein Tier,
es trägt mich, und
ich bin ihm gut.

Wir sind lang unterwegs,
weither kommen wir,
›aus der innersten Mongolei‹.

Wie alle Geschöpfe treibt uns das Licht,
das im Kopf Ungeduld weckt, Erwartung
wie die kastilischer Ritter.
Und so die Standarte: ein Blau,
dem die Sonne verfällt, darin
alles Gefiederte Platz hat.

Lang war unser Weg,
in der Dämmerung stehen wir da;
wir sind der Traum von den Boten,
die Boten sind wir, und
am Ende sind wir
die Botschaft.

Im 40. Ehejahr, 1993

Maria Beig mit Frau Bensch. Im Vordergrund Martin Walser mit Maria Beigs erstem Verleger Georg Bensch senior vom Thorbecke Verlag, Sigmaringen, 1980

»*Es entstand die Geschichte vom ›Rabenkrächzen‹. Als der neue Sommer da war, schrieb ich immer noch daran. Es gefiel mir an der offenen Gartentür. Als die Schwalben wieder vom Abschied schwatzten, hatte ich's gewagt mit der Öffentlichkeit.*«
Ein Lebensweg

Martin Walser
Was zählt

Zum 75. Geburtstag
von Maria Beig

Wir haben keine Strophen geerbt, in die
unser Schmerz paßt und unsere Freude,
aber der Abstand der Bäume zählt auch,
nicht zu vergessen die Blüte. Und viel zählt,
wie der Herr im Hochgewand dich angeschaut hat
bei der Erstkommunion. Am meisten zählt,
was man nicht gebeichtet hat. Aus diesem
Fundus schöpfen wir, auch wenn es jetzt
kein Vorteil mehr ist, irgendwoher zu sein.
Aber für Barbaren halten wir die,
die nur können, was sich lernen läßt.

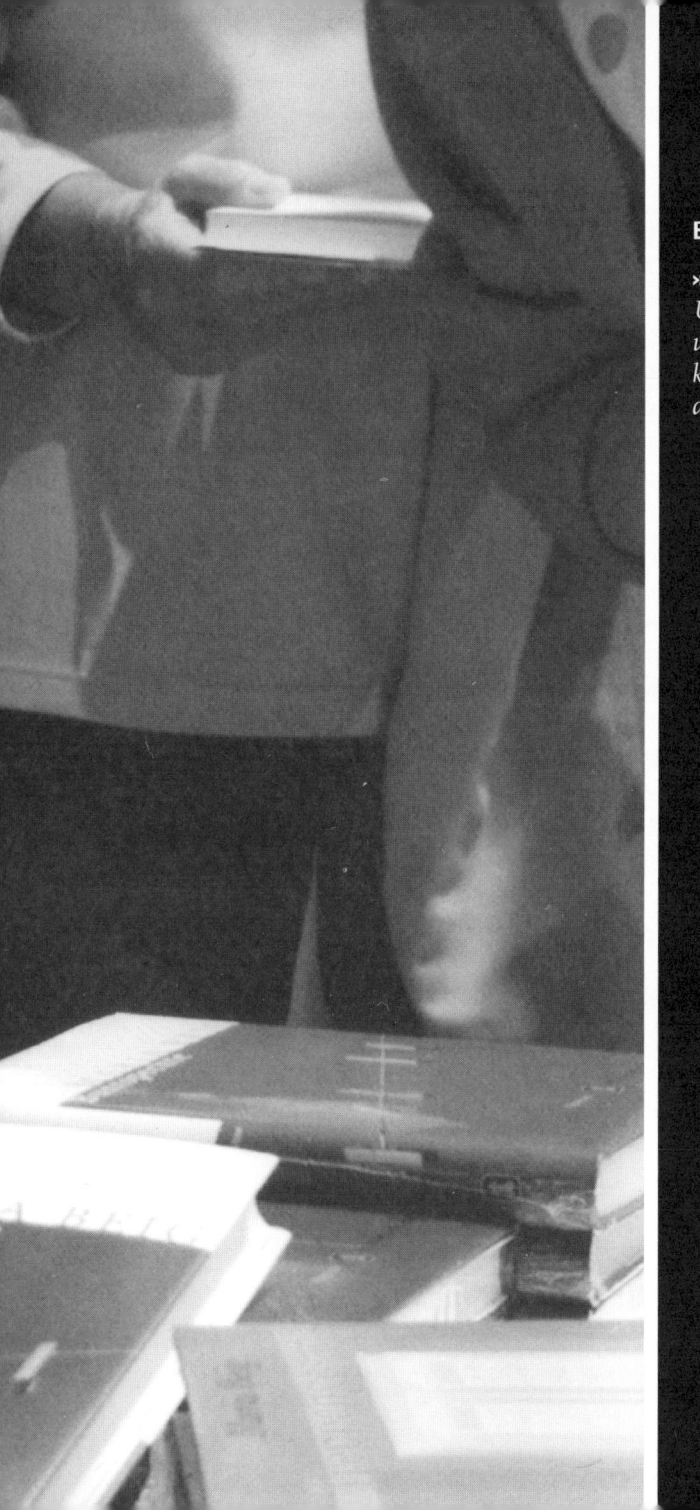

Beim Signieren von »Buntspechte«, 2002

»Zuletzt mußte ich mich in der nächsten Umgebung, dem Reihenhäuschen in der Stadt, umsehen. Manche Nachbarn meinten, ich könne ganz gut dichten. Einer von ihnen sagte aber zu mir: ›Alles ist wahr!‹« **Ein Lebensweg**

Peter Blickle
Laudatio zur Verleihung des Johann-Peter-Hebel-Preises

Der erste Gedanke, als ich erfuhr, daß Maria Beig den diesjährigen Johann-Peter-Hebel-Preis erhalten würde, war: Wie passend! Johann Peter Hebel hätte seine Freude gehabt an dieser Preisträgerin. Er hätte sie als eine durch ihre Literatur mit ihm Verwandte verstanden, als eine Schriftstellerin, deren Texte seine Sprache sprechen und deren Figuren aus seiner Welt kommen.

Maria Beig kam spät zum Schreiben. Lang hat sie als Lehrerin gearbeitet, hat eine Tochter großgezogen, war mit Familie und Beruf vollauf beschäftigt. Sie war fast sechzig, als sie mit dem Schreiben begann, oder genauer: als sie mit dem Schreiben beginnen mußte, weil sie das Schreiben plötzlich brauchte. Und seither geht es Schlag auf Schlag. In gut zwanzig Jahren, von 1982 bis heute, veröffentlichte Maria Beig nicht weniger als acht Romane und vier Kurzgeschichtenbände, dazu schrieb sie immer wieder auch Geschichten, die in Zeitungen und Anthologien erschienen.

All dies hätte Johann Peter Hebel zweifellos bewundert, doch weshalb er wirklich seine Freude an dieser Preisträgerin gehabt hätte: Wie er, so versteht es auch Maria Beig Geschichten, die das Leben schreibt, aufzuzeichnen und zu Literatur werden zu lassen. Maria Beigs Geschichten konzentrieren sich aufs Wesentliche. Ihre Romane sind kurz, voller Handlung, direkt. Voll der Würde der Sparsamkeit treten ihre Texte bescheiden hinter Leben und Ereignisse zurück, steuern dabei aber kunstvoll ein Ziel an, das man überrascht und dankbar immer erst ganz am Ende voll wahrnimmt. Dieses Ziel eine Pointe zu nennen, wäre zu wenig gesagt. Dieses Ziel eine Moral zu nennen, wäre mißverständlich. In Maria Beigs Büchern geht es zweifellos auch um moralische Werte, um Beichte, Sünde, Religion und Vorurteile. Doch stellt Maria Beig, die Autorin, diese dar. Sie wertet nie. Sie steht zurück hinter die Menschen, die sie in ihren Büchern aufleben läßt. Um was es bei Beig – wie auch bei Hebel – immer zuerst geht, ist ein zutiefst empfundener Humanismus, ein Menschsein, das jede und jeden sofort und zuallererst als Kreatur zelebriert, als eine Kreatur mit Schwächen, Beschränkungen, Schmerzen, als eine Kreatur, die in einer eigenen, individuell bemessenen Zeit lebt. Vieles ist bei Beig gegen den Tod, gegen die Vergänglichkeit, gegen das Vergessen geschrieben. Und durch die Intensität, mit der dies geschieht, wächst in Maria Beigs Literatur jede Figur sofort über das bloße Figursein hinaus.

Immer wieder kommt es deshalb bei Beigs Lesern zu Mißverständnissen. Dieses Menschsein ihrer Figuren ist so stark, daß manche Leserinnen und Leser es nicht schaffen, ihre Figuren als literarische Figuren aufzunehmen. Kaum war Maria Beigs erstes Buch, »Rabenkrächzen«, 1982 erschienen, in dem sie von einer Bauernfamilie mit vierzehn Kindern erzählt, als die Presse, ohne zuvor mit der Autorin genaue Rücksprache zu halten, feststellte: Maria Beig sei als eines von vierzehn Kindern aufgewachsen.

Hierbei wurde von diesen frühen Kritikern übersehen, wie kunstvoll »Rabenkrächzen« die Symmetrie von sieben Mädchen und sieben Jungen aufbaut, wie genau das Buch das Märchen der Sieben Raben aufnimmt, es aber umkehrt und die sieben Mädchen zu jenen werden läßt, die der Erlösung bedürfen. Sechs Buben sterben – manche früh, manche im Krieg. Nur der jüngste bleibt übrig. Ihm fällt alles zu. Er erbt den Hof, die Felder, das Ansehen der Familie. Da denkt eine der sieben Schwestern als erwachsene Frau: »Wir müßten alle erlöst werden, nicht nur der Bruder.«

Sowohl Hebels als auch Beigs Literatur ist eine Literatur, die in ihrem schnellen, direkten Hinerzählen auf Konflikte noch dem lebendigen Geschichtenerzählen nahesteht, der Welt, wo erzählte Märchen noch im Alltäglichen ihren Platz hatten, wo Bibelgeschichten noch zum allgemeinen Wissensschatz zählten.

Johann Peter Hebel hätte auch seine Freude an Maria Beig gehabt, weil sie sich auf keine literarischen Moden einläßt. Stilistischer Firlefanz und literarische Eitelkeiten sind ihr fremd. Sie schreibt immer nahe an der gesprochenen Sprache. Wortschatz und Diktion sind immer nahe am Alemannischen, ohne daß sie sich jedoch ganz in die Tiefen des geschriebenen Dialektes begeben würde.

Maria Beigs Bücher vollbringen, wie Hebels Bücher auch, das beinahe Unmögliche, von dem jeder Schriftsteller träumt. Sie sind bei einem breiten Publikum beliebt; sie finden in der Kritik beinahe einstimmiges Lob; und sie werden von Schriftstellerkollegen anerkannt – mehr als anerkannt: bewundert.

Beigs erste Bücher brachten es schnell zu einer Gesamtauflage von über hunderttausend Exemplaren. Katharina Adler, Martin Walser, Peter Hamm gehörten zu ihren ersten Laudatoren. Gewiß keine geringen Namen. Hinzugekommen sind Arnold Stadler, Armin Ayren, Helen Meier, Tina Stroheker, Johanna Walser und viele, viele andere. Und immer wieder hört man von dem, was Maria Beig diesen Schriftstellerinnen und Schriftstellern für ihr eigenes Schreiben und Werden bedeutet. »Ungewolltgewollt, bewußtunbewußt beeinflußt« sei sie von Maria Beigs Büchern worden, schreibt Helen Meier. Und Arnold Stadler zählt Maria Beigs Bücher zu dem, was ihn »bewegt ... gar weitergebracht hat«.

Und damit nicht der Eindruck entstehe, der Einfluß von Maria Beigs Büchern erschöpfe sich etwa zweihundert Kilometer vom Bodensee, oder er erschöpfe sich im Deutschen, erlauben Sie mir noch ein paar englischsprachige Autoren zu zitieren, die, mit Ausnahme der Übersetzerin, Beigs Bücher nur in ihrer englischen Übersetzung kennen.

Maria Beigs Übersetzerin ins Englische, die mit zahlreichen Preisen ausgezeichnete Jaimy Gordon, die sich heute auch im Publikum befindet (für ihre Werke erhielt sie u.a. den Preis der American Academy and Institute of Arts and Letters und 1995 wurde ihre Kurzgeschichte »A Night's Work« zur Sammlung der »Best American Short Stories« ausgewählt), schreibt zunächst einmal zu ihrer Erfahrung beim Übersetzen von Maria Beigs Büchern: »Übersetzen ist eine Vampirkunst; und ›Hermine‹, an der ich derzeit arbeite, ist eine Sammlung von Frauenzeitaltern. Ich habe sie alle aufgenommen in mich und lebe nun mit ihnen in mir – mit dem borstigen, neugeborenen Tier, dem jungen Mädchen, in dessen Haaren sich eine Fledermaus verheddert hat, der jungen Lehrerin, der Maikäfer im Ausschnitt ihres Kleides krabbeln, der Frau im mittleren Alter, die vom Schrei der Eule in den Wald gezogen wird.« »Hermine. Ein Tierleben«, schreibt Gordon dann, habe 1984 schon »sowohl in Form als auch in Inhalt einige der mutigsten und komplexesten Innovationen in der zeitgenössischen Literatur vorweggenommen«. Gordon redet hier von Beigs Kompositionstechnik, in der für »Hermine« die Form des mittelalterlichen Bestiariums benutzt wird, um durch vierundsechzig Tiere die Geschichte eines Frauenlebens von seiner Geburt bis zu seiner Erlösung durchs Wort darzustellen. Hier haben wir postmoderne Brechungen, verschmelzende Formen und am Ende doch wieder, wie nur in der besten zeitgenössischen Literatur, eine Geschichte.

Ursula Hegi, die inzwischen weltweit mit über dreißig literarischen Preisen ausgezeichnet wurde, u.a. auch mit dem italienischen Grinzane-Cavour-Preis, schreibt in der »New York Times«:

»Maria Beig ... läßt zahllose deutsche Frauenschicksale aus der ersten Hälfte des 20. Jahrhunderts vor uns aufleuchten ... Sie zeigt die wenigen Möglichkeiten, die sich diesen Frauen in ihrer Jugend bieten, und dann, während sie älter werden, das langsame Verschwinden selbst dieser Möglichkeiten.«

Rosmarie Waldrop, die, neben zahlreichen anderen Ehrungen für ihr literarisches Schaffen von der französischen Regierung zum »Chevalier des Arts et des Lettres« ernannt wurde, schreibt: Maria Beigs Sätze »schockieren uns mit ihrer reinen Kraft und holen uns heraus aus unseren Sprachspielen«.

Janet Kauffman, wie Jaimy Gordon Gewinnerin des American-Academy-Institute-of-Arts-and-Letters-Preises, schreibt: »[Beigs] Geschichten sind einfache, unerbittliche Herausforderungen an traditionelle Ordnungen«.

Kellie Wells, die den Flannery-O'Connor-Preis gewann, schreibt: »[Beigs] Geschichten schimmern dunkel durch jenen Halbschatten, der das ›visionäre Glühen‹ der Kindheit verzaubert«.

Und die Malerin und Schriftstellerin Rikki Ducornet schreibt über »Hermine. Ein Tierleben«: »Stellen Sie sich Bruegels Landschaftsbilder in dunkelstes Glas geritzt und gegen den Mond gehalten vor. Während sich unsere Welt von der Welt der Tiere weiter und weiter entfernt, stellt dieses fabelhafte Buch die Frage, wie unsere Phantasie diesen Verlust überleben wird?«

Ich bin sicher, Johann Peter Hebel hätte ähnliches über Maria Beig und ihre Texte gesagt. Der Zauber in Beigs Büchern liegt in ihrer Einfachheit und ihrer Direktheit und in ihrer menschlichen Tiefe. Ihre Bücher sind nahe am Traditionellen; und zugleich betreten sie mutig und unkonventionell avantgardistisches Neuland. Wir finden in ihren Texten eine willkommene Erinnerung daran, daß Literatur heute noch Geschichten nahe am Leben entlang zeichnen und dabei höchst innovativ sein kann. Wir finden in Maria Beigs Büchern eine Welt, bei der wir schon nach den ersten Sätzen merken, wie gut wir sie kennen. Es ist eine Welt der Hoffnungen, der entscheidungsschweren Augenblicke, der lebenslangen Konsequenzen, die aus den Augenblicken der Schwäche und der Liebe herrühren, es ist die Welt, in der der Basler Totentanz im Hintergrund immer gegenwärtig ist. Es ist dieselbe Welt, in der der Ätti auf der Straße nach Basel zwischen Steinen und Brombach sagt: »Hüst Laubi, Merz!« Es ist die Welt, in der eine zusammengeschrumpfte, an einer Krücke gehende Braut ihrem vor fünfzig Jahren verunglückten Bräutigam, der als Jüngling vor ihr liegt, ein schwarzseidenes Tuch mit roten Streifen umlegt und ihn in ihrem Sonntagsgewand auf den Friedhof begleitet als sei es der Hochzeitstag. Es ist die Welt der großen Literatur.

Ich kann mir niemanden vorstellen, zu dem der Johann-Peter-Hebel-Preis besser passen würde und der ihn mehr verdient hätte als Maria Beig.

**Lesung bei der Verleihung
des Johann-Peter-Hebel-Preises
in Hausen im Wiesental, 2004**

*»Mit der Lesung am Vorabend, die mit Hilfe des
Schwiegersohnes gelang, war es jedoch ein Fest,
das in mir nicht nur das Gefühl aufkommen ließ,
es sei zu viel der Ehre, sondern auch das, ein Ziel
sei erreicht.«* **Ein Lebensweg**

Bei der Verleihung des Johann-Peter-Hebel-Preises in Hausen im Wiesental mit Bürgermeister Martin Bühler, 2004

»*Der Bürgermeister des Ortes, in dem jener Dichter eine Weile lebte, war ein derart netter Mann, daß ich mich in ihn verliebt hätte, wäre ich gesund und jung gewesen.*« ***Ein Lebensweg***

Oben: **Mit Peter Blickle bei der Verleihung des Johann-Peter-Hebel-Preises**

Unten: **von links: Laudator Peter Blickle, die Übersetzerin von Maria Beig ins Amerikanische Jaimy Gordon und Enkelin Marina**

Peter Blickle
Der Triumph der Literatur über das Leben

Dieses Buch, dessen Premiere wir heute abend feiern, fehlte noch im Œuvre Maria Beigs. »Ein Lebensweg« ist der Titel. Es ist Maria Beigs Autobiographie. Doch es ist noch viel mehr als Maria Beigs Autobiographie.

Dieses Buch verbindet alle anderen Bücher Maria Beigs. Wir kommen ihr so nahe wie nie zuvor, bekommen Einblicke in ihr Woher und Wohin. Es beginnt mit den frühesten Erinnerungen: Großmutter, Mutter, Vater, Geschwister, der Bauernhof, die Kühe, Pferde, Hühner, Enten – durchreisende Zigeuner, der Mutter Gedichte- und Geschichtenaufsagen und erste Lehrererinnerungen. Vieles erinnert an »Rabenkrächzen«, »Hochzeitslose«, »Hermine. Ein Tierleben«, »Urgroßelternzeit«, »Minder« – diese Bücher, die zum unerläßlichen Bestandteil der Literatur geworden sind.

Doch wenn uns am Anfang noch die Neugier auf das Leben Maria Beigs zum faszinierten Leser macht, dann schenkt uns dieses Buch bald etwas noch Wertvolleres: Bald beginnt dieses Buch, beginnt dieses Menschenleben, wie alle Bücher Maria Beigs, einen Sog zu entwickeln. Es zieht uns in Hoffnungen, Sorgen, Lieben, Enttäuschungen und Freuden dieser Hauptfigur. Daß dieses Menschenleben Bücher verfaßt und Preise gewinnt, spielt über lange Strecken kaum eine Rolle. Im Vordergrund steht »ein Menschenleben« – das Leben einer Frau, die 1920 auf einem Bauernhof im Hinterland des Bodensees in eine kinderreiche Familie hineingeboren wurde. Und so versteht man, daß Maria Beig, indem sie dieses Buch »Ein Lebensweg« nennt, auch auf größere Umstände – die Zufälle der großen Geschichte – und die Rolle einer Frau in einer Zeit hinweist, die es Frauen nicht einfach machte. Maria Beig erzählt, wie es war – wie es ihr erging. Und wir verstehen im Lesen, verstehen von innen heraus, ein Leben – dieses Leben. Immer gab es vorgefaßte Erwartungen. Und die Möglichkeiten, ein eigenes, individuelles, positives Ich in sich selbst zu finden, wurden diesem Mädchen früh und oft mit Gewalt ausgetrieben.

In »Ein Lebensweg« leiden wir mit diesem früh unterdrückten Ich mit. Doch langsam begreifen wir auch – und bewundernd stehen wir vor einer Leistung, die Maria Beig im Alter von 88 Jahren zustande brachte. In einem seiner Romane läßt Martin Walser seine Hauptfigur die Worte denken: »Wenn er von sich in der dritten Person schrieb, schien es leichter, genauer zu sein.« Dieser Satz führt direkt ins Herz von Maria Beigs »Ein Lebensweg«. Maria Beig schrieb all ihre Bücher bisher in der dritten Person. Und es gibt, wie Martin Walser seinen Karl von Kahn in »Angstblüte« sagen läßt, eine Leichtigkeit und eine Genauigkeit der dritten Person. Diese Genauigkeit und Leichtigkeit der dritten Person kommt in der Geschichte der Literatur lange vor der ersten Person, vor dem Ich. In der Literatur gehen Jahrtausende in der dritten Person den ersten Schriften in der lite-

rarischen ersten Person voraus. Wir haben es zuerst mit Heldenliedern zu tun, mit Epen, mit Homer, mit Chroniken. Dann erst kommt das erste Ich in der westlichen Literatur: die »Confessiones« des Augustinus. Und noch einmal vergehen vierzehnhundert Jahre bis mit Jean-Jacques Rousseaus Bekenntnisse in das moderne Ich in die westliche Literatur eingeht. Und sowohl bei Augustinus als auch bei Rousseau steht – wie bei Maria Beig auch – am Anfang des eigenen Ich die schonungslose Bekenntnis. Es geht um Gewissen. Es geht um Geschichte und Erinnerung – und um eine Sichfinden des Individuums in seiner Schwäche. Erst wenn wir uns dieser Entwicklung bewußt sind, können wir ganz begreifen, was Maria Beig in »Ein Lebensweg« im Alter von 88 Jahren geschafft hat. Sie hat, nachdem bisher alle ihre Bücher in der »leichteren« und »genaueren« dritten Person geschrieben waren – »Chronikstil« nannte Martin Walser das in Beigs frühen Werken –, zu einem Ich gefunden.

Es ist ein frühes Ich, ein aufrichtiges Ich, ein Ich, das sich in der sich selbst eingestandenen Schuld findet. Es ist ein Ich, das getrieben wird vom Drang zur Aufrichtigkeit. Manchmal meint man beim Lesen: So etwas kann man erst schreiben, wenn man jenseits der 85 ist. Die Bekenntnisse einer fast Neunzigjährigen sind, weil ein ganzes Menschenleben dahinter steht, weiser als die Bekenntnisse einer Zwanzig- oder Dreißigjährigen. Nur wer Geheimnisse vierzig und fünfzig Jahre mit sich herumtrug, kann diesen Geheimnissen im Bekennen den Glanz – den Leidensglanz – und die Würde geben, der man als Nachgeborener hilflos bewundernd ausgeliefert ist.

Zwischen Augustinus und Rousseau also – in der Tradition der Bekenntnisse. Doch dann kommt noch hinzu, daß Maria Beig kein Mann ist. Männer haben es leichter. Maria Beig mußte sich dieses Ich in langen Kämpfen erst erschreiben. Wer kurz nach Ende des Kaiserreichs als siebtes von mehr als einem Dutzend Kindern und als Mädchen auf einen oberschwäbischen Bauernhof geboren wird, dem ist ein gesundes Selbstbewußtsein alles andere als »selbstverständlich«. Besitz, Tradition, die Notwendigkeiten des Bauernhofes, jahrtausendealtes Erbschaftsrecht, das männlichen Nachkommen bevorzugt, eine komplexes katholische Religionsgefüge, in dem Hierarchien Mädchen ganz automatisch zu Dienenden macht, stehen auf dem oberschwäbischen Land um 1920 einem eigenen Ich eines Mädchens, mächtig, ja übermächtig entgegen. Virginia Woolf schrieb 1928 »A Room of One's Own«, jenen Essay, der so eloquent aus dem Mangel eines eigenen Zimmers für ein Frau, wo doch des Mannes Arbeitszimmer im bürgerlichen Haushalt eine Selbstverständlichkeit war, die provokante These ableitet, daß ohne dieses, sowohl im wörtlichen als auch im übertragenen Sinne, eigene Zimmer – sprich, ohne ein eigenes Ich – keine Frau »Krieg und Frieden« hätte schreiben können. Dieser Essay erschien 1928. Doch er hatte in den zwanziger Jahren keinerlei Auswirkungen auf ein Mädchen, das auf einem ländlich-katholischen oberschwäbischen Bauernhof aufwuchs und für das im Alter von zwölf Jahren das Dritte Reich begann.

Das Ich dieses Mädchens konnte sich höchstens in der Negation, im Verletzt- und Unterdrücktwerden spüren. In der wütenden Reaktion aufs Unterdrückwerden – im wörtlichen als auch im übertragenen Sinn – die Großmutter drückt das Mädchen im Wagen immer wieder nach unten – spürt sich dieses Ich zum ersten Mal.

So beginnt dieses Ich im Negativen – in der gefühlten Unterdrückung. Wir verfolgen es in der berufstätigen Frau, in der Mutter, in der Ehefrau und in der Schriftstellerin im Alter.

»Ein Lebensweg« – das letzte Kapitel heißt »Das Ziel« – ist der Weg einer Frau, die im hohen Alter von über achtzig Jahren es noch schafft, zu einem Ich zu finden und sich so mit sich selbst und der Welt auszusöhnen. »Ein Lebensweg« ist ein Buch des Triumphes – des Triumphes der Literatur über das Leben. Es schenkt uns eine Person, eine Figur, ein Menschleben, das im hohen Alter – und das ist der größte Triumph – ein sich selbst vergebendes Ich in sich entdeckt. Es ist in jeder Hinsicht, wie der Verlag es zurecht bezeichnet, ein »Stück Befreiungsliteratur«.

Lassen Sie uns heute abend die Premiere dieses Buches, dieses Lebenswegs, dieser Befreiung mit der Autorin und der Stadt Friedrichshafen zusammen feiern.

Maria Beig liest zwischen Oswald Burger
und Walter Münch anläßlich Walter Münchs
80. Geburtstag, 1991

Dietlinde Ellsässer
Für Maria Beig
zum Neunzigsten

»Nichts im Weltall bleibt so wie es ist, alles bewegt sich, wir mit.« **Aya Khema**

Liebe Frau Beig,
am Muttertag 2009 durfte ich Sie endlich persönlich kennenlernen. Im Theater Lindenhof in Melchingen habe ich an diesem wunderschönen Maiglöckchensonntag aus Ihrem Buch »Ein Lebensweg« gelesen. Begegnet bin ich Ihnen aber schon viel früher, 1984, als ich das Büchlein »Hochzeitslose« geschenkt bekam. Ich war begeistert. Da beschrieb jemand Menschen aus meiner »bäuerlichen« Welt. Da schrieb jemand auf Hochdeutsch mit einer schwäbischen Melodie, die mich berührte. Meine Herkunft bekam Bedeutung, wurde vom Schatten ins Licht gerückt.

Lieb sein oder echt sein, das ist auch heute noch für uns Frauen eine Frage. Wenn wir uns immer vor dem Verletztwerden schützen, leben wir auf Rückzug – vor uns selbst und anderen – und werden am Ende doch verletzt. Manchmal muss frau genau das tun, wovor sie sich fürchtet, zum Beispiel schreiben. Und da ecken wir dann oft an. Wir verlieren Orte. Oft ist Heimat dann ein ganz privater, einsamer Ort, aus dem aber auch die Kraft wächst, sich zu lösen und immer wieder neu »aufzubrechen«.

Da fällt mir der Satz von Hilde Domin ein: »Ich stand auf und ging, / heim ins Wort, / von wo ich unvertreibbar bin.«

Liebe Frau Beig, ich danke Ihnen, dass Sie mir Raum gegeben haben, dass Sie echt und sich selbst treu geblieben sind, dass Sie mir am Ende Ihres Lebensweges den »Gleichmut« anbieten. Auf der Suche nach Heimat in einer männlichen Welt gibt Gleichmut Kraft, in dieser Welt Fuß zu fassen und zu wachsen.

Obwohl wir uns erst am Muttertag 2009 persönlich kennenlernten, schenkten Sie mir schon fünfundzwanzig Jahre vorher bei unserem ersten Treffen ein Stück Heimat – als Frau, als Schreibende und als eine, die im Schreiben Mut und Halt findet.

Mit Peter Blickle auf dem Prominentenfußpfad
auf dem Höchsten, 2008

Oswald Burger
Maria Beig auf den Dörfern

Zum achtzigsten Geburtstag begann ich Maria Beigs Bücher öffentlich vorzulesen, meist an ungewöhnlichen Orten. Das begann mit dem »Treppengesang«, den ich zusammen mit ihrem Schwiegersohn Dr. Josef Pichler im ehemaligen Kuhstall des Gasthauses Adler in Lippertsreute vorlas. Der schön hergerichtete Raum war voll. Die junge Adlerwirtin Verena Vögele schenkte Most aus, die alte Adlerwirtin Friederike Vögele backte Dinnele. Ich las am zweiten Abend die Geschichte von Paulas zweiter Beziehung mit dem pedantischen Gewalttäter Egon Werner. Die Zuhörer waren gespannt, ergriffen, sehr präsent. Sie kamen jeden Abend wieder, um zu erfahren, wie es weiter geht. Die Bedingungen spielten wunderbar mit: als am siebten Abend von einer Beerdigung die Rede war, begannen die Lippertsreuter Kirchenglocken zu läuten. Beim erzählten Wetterumschwung fing es draußen prasselnd an zu regnen. Zum Abschluss der Geburtstagswoche richtete das ganze Dorf Lippertsreute ein Fest zum achtzigsten Geburtstag ihrer Dichterin in der Luibrechthalle aus. Maria Beigs Enkelkinder Marina und Roman Pichler musizierten, die Dorfgemeinschaft sorgte für Getränke und ein ländliches Büffet, der Steinmetz Andreas Hubbuch hatte eine Sandsteintreppe auf der Bühne errichtet, das ganze Dorf wirkte mit. Unter den 250 Gästen entdeckte ich nur zwei Schriftstellerkollegen aus dem Literarischen Forum Oberschwaben, auch das gut bürgerliche

Publikum aus Überlingen fehlte weitgehend, versammelt hatte sich die Bevölkerung des Dorfes, für das die Ortsvorsteherin Ancilla Starosta und der Vorsitzende des Heimatvereins Albert Mayer sprachen. Die Besucher kauften an Maria Beigs Geburtstagsabend über hundert Bücher von ihr.

Seither fragen die Menschen aus den Dörfern immer wieder nach Maria Beig. Ich las wieder in Lippertsreute, in Frickingen, in Owingen, aber auch in Überlingen aus ihren Büchern vor. Bemerkenswert zurückhaltend reagierte das Lesepublikum im Wohnstift Augustinum oder in der Klinik Buchinger in Überlingen, als ich ihm mit Enthusiasmus Maria Beigs Texte nahe zu bringen versuchte.

Zuletzt hatte ich im vergangenen Jahr den Wunsch, das autobiographische Buch »Ein Lebensweg« von Maria Beig meinem und ihrem ländlichen Publikum vorzustellen. Zu der Lesung am 16. Mai 2009 kam Maria Beig selbst als Zuhörerin in die Schreinerei Robert Längle nach Owingen. Die sechzig anwesenden Owingerinnen und Owinger waren gefesselt und viele kauften das neue Buch. In uns Dörflern hat sie das beste Publikum. Gerade weil sie keine Dorfidyllen erzählt, sondern über unser gebrochenes Verhältnis zum Dorf schreibt. Wir warten auf die Fortsetzung.

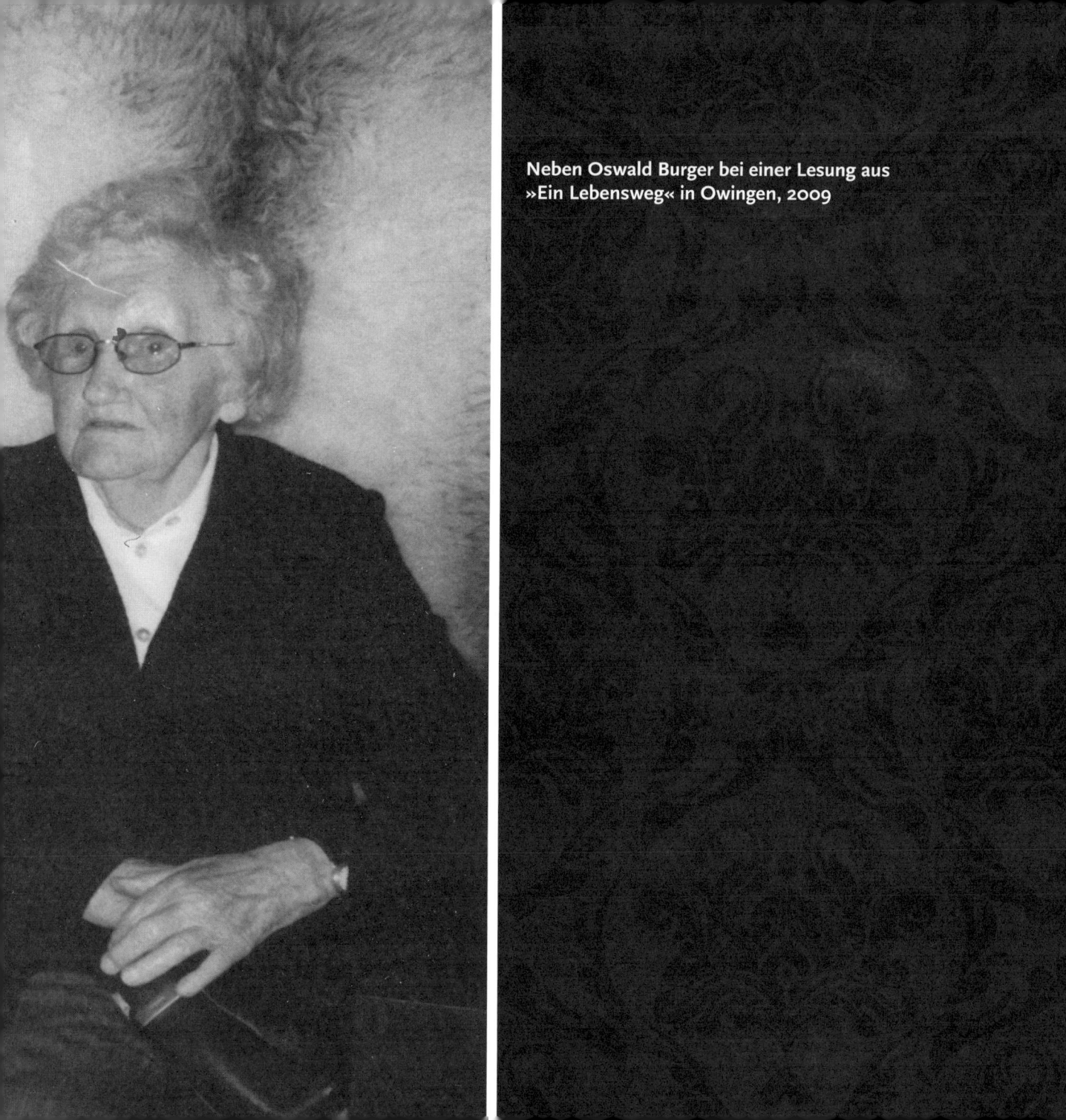

Neben Oswald Burger bei einer Lesung aus
»Ein Lebensweg« in Owingen, 2009

Maria Beig
Aus Oberschwaben
Paradies vorm Ausverkauf

Über ein halbes Jahrhundert lang lebe ich hier und beobachte. Ich beobachte den Wandel, ich beobachte den Fortschritt. Vieles Vertraute, vieles Liebgewordene muß dabei verlorengehen, und das macht mich ein wenig ratlos, das macht mich traurig. Es ist die Ecke hinter Tettnang, von wo aus es gleich weit zum Bodensee wie zum Allgäu ist, deren Entwicklung ich begleite. Meine Urgroßväter fänden sich hier nicht mehr zurecht. Die Gegend ist voller Überraschungen. Dem Auge, an die Dunkelheit des Waldes gewöhnt, bietet sich ein Blütenmeer. Dies ist das Land vor dem See. Ist es ein Paradies? – Seine Bewohner nennen es so.

Am Sonntag geht man in den oberschwäbischen Dörfern zur Kirche. Nach dem Gottesdienst wird das Grab eines Angehörigen besucht, um sich zu erinnern, um zu beten, Zwiesprache zu halten. Dies ist von alters her so Sitte. Frömmigkeit paßt in dieses Land. Man meint, hierzulande seien die Menschen noch frommer als vielleicht anderswo. Wieviel aber vom echten frommen Empfinden schon durch neuzeitliches Denken verschüttet ist, läßt sich nur erahnen. Ein Schwätzchen nach der Kirche oder eines auf dem Kirchweg, war das Sonntagsvergnügen der Frauen. So einfach ist es nun nicht mehr. Sie sind mit dem Auto da und müssen schnell wieder wegfahren. Die kleine Welt ist durch das Auto größer geworden – die Frömmigkeit vielfach eine andere. Im Laufe der Woche ist manches geschehen, das debattiert werden muß. Die große Politik, Bauernsorgen, Familienangelegenheiten. Einst war dies das Hauptvergnügen der Männer. Aber auch das wird seltener. Neben jede Kirche gehört eine Wirtschaft. Manche sind noch so, wie sie hierher passen. Viele sind zu Speiselokalen für die Städter geworden. Für meinen Vater wäre das undenkbar gewesen, wenn er sonntags nach dem Gottesdienst beim Frühschoppen nicht der Nachbarn Meinung hätte hören können. Die Gottesfürchtigkeit war einst größer, die vielen Wegkreuze geben davon Zeugnis. Auch Bildstöcke, nicht wenige davon liebevoll mit Blumen geschmückt, stehen an den Straßen. Manche sind erhalten aus einer alten Zeit. Bei der Erhaltung stießen oft alt und modern heftig zusammen. Doch wer kann sich noch hineindenken in die Menschen jener Zeit?

Wer seinen oft über Generationen vererbten Hof nicht modernisierte, gilt, wenig bei den Fortschrittsgläubigen. Das Leben der Bauern, vor allem auch der Frauen, ist hart geblieben. Die jungen Bäuerinnen hier sind meistens auf einem Hof geboren. Da sind sie den langen Tag schon gewohnt. Die jungen Bauern tun sich aber oft schwer damit, für ihre Höfe eine Bäuerin zu finden. Viele Maschinen helfen zwar, die Arbeiten zu erleichtern. Trotzdem gibt es keine geregelte Arbeitszeit. Vor allem in den Erntezeiten müssen die Bäuerinnen hart arbeiten. Auf vielen Höfen wird kein Vieh mehr gehalten, denn dieses würde frühen Feierabend, freien Sonntag oder gar einen Urlaub ganz unmöglich machen.

Das Schönste aber sind die Hügel. Kleine und große, runde und längliche. Sie sehen aus wie die Wellen eines weiten Meeres. Die Gegend ist über die Maßen fruchtbar. Ein Stück Land kann genau so gut Obstgarten sein wie Viehweide. Auch ein Gerstenacker kann es sein. Bis zu diesem Jahrhundert waren die meisten Fluren Fruchtäcker. Je nach Marktbedürfnis kann so ein Stück Land Kartoffelacker, Gurken- oder auch Erdbeerfeld sein. Und auch Maisfelder gibt es jetzt. Früher gab es hier keine Maisfelder. Der Mais ist in anderen Ländern zu Hause. Zum Herbst ist er mannshoch. Eine halbe Million Obstbäumchen wurden hier gepflanzt und das in der kurzen Zeit nach dem Krieg. In der veränderten Landschaft kann ich den Anlagen keine Schönheit abgewinnen. Es ist »die« Obstgegend. Hohe Bäume stehen auch heute noch bei den Höfen. Sie tragen viele Sorten Äpfel, süße und räße Birnen, Zwetschgen und Nüsse. Ich bin zwischen hohen Bäumen aufgewachsen. Sie sorgten für Genuß und Abwechslung, sind für mich Erinnerung an Kinderland. Die Kinder, deren Väter sich auf eine oder zwei Sorten Äpfel spezialisieren, tun mir ein bißchen leid. Und da sind hauptsächlich die Hopfengärten. Nicht in vielen Landstrichen lassen sie sich anlegen. Sie gehören zum Bild unserer Landschaft, sie prägen ihr Gesicht. Im

Winter wirkt das Gestänge auf mich bizarr und gespenstisch. Im Sommer kann der grüne, mächtig hohe Hopfenwald zur Beklemmung werden. Sogar Reben wachsen hier. Wo sie gedeihen, ahnt man allerdings den nahen See. An manchen Tagen ist er vom Rebhang aus zu sehen.

Im Frühsommer ziehen die Menschen in Bittprozessionen aus den Kirchen. Solch üppiges Wachstum wie hierzulande ist jedes Jahr von Frost und Unwettern bedroht. Es kann zu viel Sonne oder zu viel Regen geben. Nichts ist da notwendiger als der Segen von oben. Um viel und möglichst makelloses Obst zu bekommen, müssen die Bauern mit chemischen Mitteln nachhelfen. Dem Städter oder dem, der nichts von der Sache versteht, kommt solche »Giftversprühung« verwerflich vor. Aber jede Sache hat zwei Seiten. Doch ob dies die richtige ist, wird sich einst herausstellen. Die oberschwäbischen Bauern stellten sich nach dem Krieg auf die Marktwünsche der zugezogenen Menschen ein. So entstanden die ungewohnten Sauerkirschenplantagen. In endlosen Reihen ausgerichtet, an geformten Drähten oder an Pfählen angebunden sind die Pflanzen. Sogar angekettet sind manche. Die vergewaltigte Natur jagt mir manchmal einen Schrecken ein. Der Bauer muß sich aber den Marktgepflogenheiten Europas anpassen.

Einzelne, ganz alte Bauernhäuser sind noch erhalten geblieben: einstöckige – aus Holz erbaute. Sie lassen uns ahnen, wie die Menschen vor vielen Jahren hausten. Mancher Bauernhof zeigt sich heute von der allerschönsten Seite. Er ist hergerichtet für Gäste aus den Städten. Man will ihnen Einblick ins Bauernleben geben. Ob aber so ein Stadtkind das echte Leben auf dem Land mitbekommt, ist fraglich. Ich frage mich oft, ob ihm hier nicht eine Romantik vorgegaukelt wird, die es so gar nicht mehr gibt. Hinter dem Stadel herrscht die rauhe, die stinkende Wirklichkeit.

Die schwere Arbeit hat den Menschenschlag hier scheinbar bedächtig gemacht. Der Schein trügt: durch den intensiven Wirtschaftskampf sind die Leute eher vorsichtig, gar mißtrauisch geworden. Jeder hat so seine Erfahrungen mit dem Land gemacht. Das Land ist nicht nur Paradies.

Der Hopf ist ein Tropf! Mancher Bauer ist durch ihn zu Wohlstand gekommen. Früher hat nicht nur ein Bauer wegen ihm fast den Verstand verloren.

Wenn die Hopfenpreise stark fielen oder schwindelnde Höhen erreichten – von einem Tag zum anderen –, dann ging es in den Familien schrecklich zu, wenn der Bauer zu früh oder zu spät verkauft hatte. Ich erinnere mich noch gut an solche bösen Ereignisse. Überhaupt bedrückten Wirtschaftskrisen – oft auch Armut – die Bauern in den ersten Jahrzehnten unseres Jahrhunderts. Jetzt schützen Vorverträge vor zu großen Verlusten. Die Existenzsorgen sind heute ganz anderer Art.

Hopfen und Malz – Gott erhalt's! Noch vor Jahren hatte bald jedes Wirtshaus seine eigene Brauerei. Das hat sich leider geändert. Die großen Brauereien machten den kleinen den Garaus. Einige mittelgroße Brauereien haben sich in der Gegend gehalten. Zähe, fleißige Familienbetriebe.

Neben der großen Industrie tragen viele gesunde mittelständische Betriebe dazu bei, daß hierzulande die Arbeitslosigkeit weit unter dem Durchschnitt liegt. Auf die Gegend und ihre Produkte, darauf bilden sie sich etwas ein.

Der Tettnanger Frühhopfen gibt ein ganz besonders gutes Bier. In alten schönen Gasthäusern wird es ausgeschenkt. Gemütlich ist es vor allem. Im Städtchen kennt einer den anderen. Wenn sie sich im Gasthaus treffen, kommt Stammtischseligkeit auf. Wie sind sie denn, die Oberschwaben? Sparsam, fleißig und durstig. Sie treffen sich manchmal schon zwischen elf und zwölf zum Frühschoppen. Bauern, Handwerker, Geschäftsleute. Das Paradies ist schön. Einmal wurden die Menschen aus dem Paradies vertrieben; jetzt sind sie drauf und dran, das Paradies zu vertreiben. Hat die intensive moderne Landwirtschaft die Gegend hier verändert? Nicht nur das Bild des Dorfes, sondern das Leben im Dorf hat sich verändert. Die Zugezogenen aus den Städten passen sich den Alteingesessenen nicht an – eher ist es umgekehrt. Die dörfliche Abgeschlossenheit und die Gemeinschaft ist hier in Gefahr. Ein Paradies vor dem Ausverkauf?

Wie das Städtle Tettnang früher ausgesehen hat, ist im Kern noch zu erkennen. Als Kind, wenn ich neue Schuhe brauchte, durfte ich alle paar Jahre einmal mit dorthin. Der Vater spannte extra das Fuhrwerk an. Während er im Wirtshaus wartete, drehte die Mutter den Pfennig um. So eine

Stadtfahrt war ein großes Fest. Ein Ereignis, auf das man sich wochenlang vorher freute. Für die heutigen Landkinder hat die Stadt das Aufregende verloren. Sie kommen oft dorthin. Was es zu sehen gibt, ist ihnen alltäglich. Der Unterschied vom Dorf- zum Stadtbewohner wird immer kleiner.

Geschichtlich betrachtet ist dieser Teil Oberschwabens ein ruhiger Winkel. Aber einmal machten die Bauern Geschichte. Im Bauernkrieg sammelte sich ein Teil des Seehaufens in Rappertsweiler und legte seine Forderungen fest. Das war 1525. Mehr Recht und Freiheit wollten sie. Denn nicht nur weltliche Fürsten, sondern auch die kirchliche Obrigkeit drückten ihre Untertanen. Von hier zogen sie aus, ihre Sache zu verteidigen.

Die großen Klöster, Kirchen und Kapellen der Umgebung hatten Ausstrahlung und Macht. Sie geben Zeugnis davon im lieblichen Land.

Wer solch eine Heimat hat, mit den Erinnerungen an die Kindheit, an den Schulweg, an die Erlebnisse in Wald und Feld, an schöne und traurige Tage, der kann sie nicht so ohne weiteres vergessen. Sie läßt mich nicht mehr los. Sie erfüllt und beschäftigt mich zeit meines Lebens.

An Wassern sind wir hier reich; als wären es viele Kinder des großen Bodensees. Wo man geht oder fährt – schon wieder ein kleiner See. Nicht nur sie selber sind wunderschön, auch das, was sich darin spiegelt, erfreut Auge und Sinn. An den kleinen Seen denkt man nicht an die weite Welt – hier will man nur das Begrenzte sehen, vielleicht einer Wasserspinne zuschauen. Nicht Tausende von Irisblumen will man da bestaunen, sondern eine einzelne beschauen. Ein aufgeregtes Gemüt beruhigt sich an so einem stillen Wasser. Und erst die kleinen Bäche, die sich durch die Wiesentäler winden. Ich glaube, jeder Oberschwabe hat seinen ›eigenen‹ Bach. Die Menschen in anderen Teilen unseres Vaterlandes sind stolz auf ihre berühmten Flüsse. Diese sind oft besungen und jedermann bekannt. Einer, der sich sehen lassen kann, ist die Argen, die bei weitem nicht so arg ist, wie der Name sagt.

Ständig ändert sich das Bild. Wie in Mulden verpackt – da und dort duckt sich ein Hof. Und immer wieder – ein Moor. Die Bauern ziehen aus der fruchtbaren Gegend ihren Nutzen. Doch den Wert ihrer Moore haben

sie erkannt. Die Moore gehören zu Oberschwaben. Sie sind letzte Zuflucht
für bedrohte Tiere und Pflanzen.

Die Reiterprozession in Weingarten ist das jährliche Glaubensbekennt-
nis der oberschwäbischen Katholiken. Es ist eine Ehre, hier mitzureiten.
Und mancher Bauer hält sich nur für diesen einen Tag noch ein Pferd. Mit
dem Blutfreitag schließt die Bittwoche. Zur Verehrung des heiligen Blutes
kommen sie alle: Reiter, Pfarrherren und Ministranten. Es ist gut, daß es
dieses heute noch gibt, daß es nicht allein Erinnerung sein muß. Erinnerung ist es aber doch, an meinen Vater, der es sich niemals hätte nehmen
lassen, da mitzureiten. Als Kind stand ich mit der Mutter am Straßenrand
und machte ihn aus, um ihn an diesem Tag als einen ganz anderen, fast
Heiligen, anzusehen. Und wenn die Reliquie durch die Felder getragen
wird, dann ist das nicht nur für die über zweitausend Reiter ein schöner
Brauch, dann ist es auch ein Bekenntnis zu einer 400jährigen Tradition,
die nicht zur Touristenattraktion verkommen ist.

Asphalt und Beton! Nicht nur die Straßen sind es. Fabriken haben die
Dörfer entstellt. Dazu kamen die städtischen Häuser und Wohnsiedlun-
gen. Die Landschaft verliert ihr Gesicht. Der Stadt stehen Fabriken und
Hochhäuser zwar besser an – schöner wären auch die Städte ohne sie. Es
soll hier nicht angeklagt werden, weil sich vieles so rasch und so tiefgrei-
fend verändert hat in dieser Gegend. Schuld war die Zeit. Neben der Freude
über die Schönheit dieses Fleckchens Erde soll aber Trauer erlaubt sein.
Trauer darüber, daß Heimat auch weh tun kann.

er abwechselnd bleich und rot geworden ist. Am Grab, in der Kirche und beim Totenmahl konnte er nicht lärmen. Daheim sagte die Zweitälteste nach seinem Fluchen: „Warum hat er auch so viele Kinder?" Er hörte es nicht und das war ihr Glück.

Als 1914 der Krieg begann hatte er bereits drei. Während dessen kamen zwei zur Welt, und bis zu Großmutters Tod wurden nochmal vier geboren. Die große Kinderschar, von der jener Pfarrer sprach, wurde aber verkleinert denn die ersten beiden Söhne waren wieder im Himmel. Nachher kamen nochmal vier, so sind elf Kinder groß geworden. Der Vater hat seine Kinder, wenn sie noch klein waren, sehr gerne gemocht. Wenn er vom Feld oder dem Stall in die Stube kam hat er in's Bettchen des Kleinsten geschaut und ein anderes auf den Arm genommen. Das wußte die Mutter: Bevor ein Kind drei Jahre alt war hat er nie eines bestraft. Erst wenn es danach absichtlich Blödsinn machte schlug er manchmal zu.

Natürlich liebte er nicht alle seine Kinder gleichermaßen. Mich mochte er nicht und ich wußte warum. Eigentlich hätte dies zu „Hermine", dem Tierleben gehört, doch als ich jenes erzählte schämte ich mich dessen. Unten, am Bauch eines Bullen sah ich einen blauroten Stab. Weil der Vater gerade in der Nähe war fragte ich was das sei

Porträt 1956
Links: **Faksimile aus dem Manuskript: »Ein Lebensweg« in Originalgröße**

Zeittafel

1920 8. Oktober: Maria Beig wird als viertes von acht Mädchen und fünf Jungen der Eheleute Hermann Hund (1880-1944) und Helene, geb. Sauter (1886-1972), in Senglingen, Oberamt Tettnang geboren

1927 Einschulung in die Grundschule Obereschach

1938 Aufnahme ins Pädagogische Seminar Kirchheim/Teck, Ausbildung zur Hauswirtschafts-, Handarbeits- und Turnlehrerin

1941 Erste Dienstprüfung
Erste Anstellung als Lehrerin in Heilbronn/Sontheim
In den Folgejahren Wechsel an verschiedene andere Schulen

1943 Geburt des Sohnes Ulrich

1945 Unterrichtet an der Grundschule Obereschach

1948 Zweite Dienstprüfung

1954 Heirat mit dem aus Friedrichshafen gebürtigen Werkzeugmacher und späteren Betriebsratsvorsitzenden Walter Beig, der bis zu seiner Pensionierung 1984 bei MTU in Friedrichshafen tätig ist
Umzug nach Friedrichshafen in die Riedleöschstraße

1957 Umzug in die Olgastraße in Friedrichshafen
Unterrichtet in Friedrichshafen

1958 Geburt der Tochter Uta

1975 Tod des Sohnes

1977 Vorzeitige Pensionierung

1980 31. Mai: Liest beim Literarischen Forum Oberschwaben in Weingarten zum ersten Mal öffentlich

1981 Vorabveröffentlichungen aus *Hermine. Ein Tierleben* (in *Versuch, Walter Münch zu ehren*) und *Rabenkrächzen* (in *Allmende*)

1982 *Rabenkrächzen. Eine Chronik aus Oberschwaben* erscheint im Thorbecke Verlag in Sigmaringen

1983 Alemannischer Literaturpreis
Der zweiten Roman *Hochzeitslose*
erscheint
Rabenkrächzen erscheint als Taschen-
buchausgabe bei Suhrkamp

1984 *Hermine. Ein Tierleben* erscheint
Hochzeitslose erscheint – wie alle folgen-
den Bücher bis 1990 – als Taschenbuch
bei Suhrkamp

1985 *Urgroßelternzeit*

1986 *Minder. Oder zwei Schwestern*

1988 *Kuckucksruf*

1990 *Die Törichten*
Hochzeitslose erscheint in amerikanischer
Übersetzung als *Lost Weddings*
Verdienstmedaille des Landes Baden-
Württemberg

1992 Ehrenmedaille der Stadt Friedrichshafen
Hochzeitslose in der Dramatisierung
von Johanna Walser im Sommertheater
Meersburg

1993 *Jahr und Tag*

1995 *Töchter und Söhne*

1997 *Annas Arbeit*
Literaturpreis der Stadt Stuttgart

2000 *Treppengesang*

2002 *Buntspechte*

2004 Johann-Peter-Hebel-Preis

2005 Umzug nach Immenstaad am Bodensee
Hermine. Ein Tierleben erscheint als
Hermine. An Animal Life in amerikani-
scher Übersetzung

2008 Tod des Ehemannes

2009 *Ein Lebensweg*

2010 *Das Gesamtwerk* erscheint in einer fünf-
bändigen Ausgabe bei Klöpfer & Meyer

Quellenverzeichnis

Bilder

Privatbesitz Maria Beig:
Seiten: 12-13, 20-21, 29 unten, 33 unten, 34 unten, 40-41, 46, 47, 51, 52-53, 59, 60, 66, 67, 70, 71, 78-79, 82, 84-85, 92, 97, 104-105, 112 und 113

Privatbesitz Peter Blickle:
Titel, Seiten: 4-5 und 118-119

Deutsches Literaturarchiv Marbach:
Seiten: 8-9, 14-15, 16, 17, 24-25, 29 oben, 30, 33 oben, 34 oben und 42-43

Rainer Hotz:
Seite: 81

Burghard Hüdig:
Seiten: 74-75

Privatbesitz Roman Pichler:
Seiten: 90-91 und 93

Privatbesitz Uta Pichler:
Seiten: 100-101

Hintergrundmotiv:
Fotolia

Die Herausgeber danken allen Rechte-Inhabern für die erteilten Abdruckgenehmigungen. Sollten die Rechte Dritter irrtümlich übersehen worden sein, so ist der Verlag selbstverständlich bereit, rechtmäßige Ansprüche nach Anforderung abzugelten.

Zitate

Aus »Treppengesang« von Maria Beig:
Seite: 24

Aus »Rabenkrächzen« von Maria Beig:
Seite: 13

Aus »Ein Lebensweg« von Maria Beig:
Seiten: 8, 17, 43, 46, 51, 66, 75, 82, 85, 90 und 92

Texte

Martin Walser, »Erste Notiz über Maria Beig«
Allmende 3 (1981): 129-130

Martin Walser, »Zweite Notiz über Maria Beig«
Hochzeitslose von Maria Beig.
Sigmaringen: Jan Thorbecke Verlag, 1983. 118-120

Manfred Bosch, »Jenseits des Gehrenbergs«
Laudatio zur Verleihung des Alemannischen Literaturpreises.
Allmende 7 (1983): 131-138

Martin Walser, »Dritte Notiz über Maria Beig«
Allmende 9 (1984): 31-32

Andrea Reidt, »Auf seiten der Frauen«
(Überarbeiteter Zeitungsartikel von 1988)
Was zählt. Maria Beig zum 75. Geburtstag.
Hg. Oswald Burger. Sigmaringen: Jan Thorbecke Verlag, 1995. 101-104

Peter Hamm, »Schlag auf Schlag – Etwas über Maria Beig«
Laudatio zur Verleihung der Ehrenmedaille der Stadt Friedrichshafen.
Leben am See. Das Jahrbuch des Bodenseekreises 10 (1992/1993): 63-70

Helen Meier, »Brief an Maria Beig«
Was zählt. Maria Beig zum 75. Geburtstag.
Hg. Oswald Burger. Sigmaringen: Jan Thorbecke Verlag, 1995. 76-77

Peter Renz, »Geschichten aus tausend und einem Tag«
Was zählt. Maria Beig zum 75. Geburtstag.
Hg. Oswald Burger. Sigmaringen: Jan Thorbecke Verlag, 1995. 105-108

Arnold Stadler, »Von hinter dem Gehrenberg«
Was zählt. Maria Beig zum 75. Geburtstag.
Hg. Oswald Burger. Sigmaringen: Jan Thorbecke Verlag, 1995. 113-115

Tina Stroheker, »Zu zweit«
Was zählt. Maria Beig zum 75. Geburtstag.
Hg. Oswald Burger. Sigmaringen: Jan Thorbecke Verlag, 1995. 116-117

Martin Walser, »Was zählt. Zum 75. Geburtstag von Maria Beig«
Geburtstagsschrei.
Eggingen: Edition Isele, 1997. 85

Peter Blickle, »Laudatio zur Verleihung des Johann-Peter-Hebel-Preises«
Mai 2004. http://www.hausen-im-wiesental.de/ kultur_bildung/kultur/laudatio_prof_blickle.htm

Peter Blickle, »Der Triumph der Literatur über das Leben«
Rede anläßlich der Buchvorstellung von *Ein Lebensweg* in Friedrichshafen am 27. April 2009 (Erstveröffentlichung)

Dietlinde Ellsässer, »Für Maria Beig zum Neunzigsten«
(Erstveröffentlichung)

Oswald Burger, »Maria Beig auf den Dörfern«
(Erstveröffentlichung)

Maria Beig, »Aus Oberschwaben«
Maria Beig, Das Gesamtwerk.
Hg. Peter Blickle/Franz Hoben. Tübingen: Klöpfer & Meyer Verlag, 2010. Bd. 5, 221-229

Neben Tochter Uta auf dem Prominentenfußpfad auf dem Höchsten, 2008

Impressum

© 2010 Klöpfer & Meyer Tübingen
Alle Rechte vorbehalten
ISBN 978-3-940086-92-1

Konzeption, Gestaltung und Satz:
Christiane Hemmerich Konzeption und
Gestaltung, Tübingen
Herstellung: Horst Schmid, Mössingen
Druck und Bindung:
Druckerei Pustet, Regensburg

Mehr über das Verlagsprogramm
von Klöpfer & Meyer finden Sie unter:
www.kloepfer-meyer.de

Die Herausgeber und der Verlag bedanken sich bei
der Literaturstiftung Oberschwaben für die freund-
liche Unterstützung.